"十三五"职业教育国家规划教材

荣获国家级教学成果奖

收 银 实 务

Shouyin Shiwu

（第三版）

于家臻　主编

高等教育出版社·北京

内容提要

　　本书是"十三五"职业教育国家规划教材,是依据教育部《中等职业学校会计专业教学标准》,结合现代零售业态收银工作的最新技术,并在第二版的基础上修订而成的。

　　本书围绕收银业务基本知识、收银基本技能、收银服务规范、收银作业流程和收银相关业务5个方面的知识与技能,从业务认知到岗位技能、从服务规范到作业流程,再到相关业务处理,内容全面、系统,注重实际操作,有利于培养学生在收银实际工作中的操作技能、服务规范和业务能力。

　　本书配有同步训练,以及二维码教学资源和学习卡资源。

　　本书既可作为中等职业学校会计专业及财经商贸类相关专业的教学用书,也可作为在职收银员培训和自学用书。

图书在版编目（ＣＩＰ）数据

　　收银实务 / 于家臻主编. -- 3版. -- 北京 : 高等
教育出版社，2018.1（2021.12重印）
　　ISBN 978-7-04-048691-9

　　Ⅰ. ①收… Ⅱ. ①于… Ⅲ. ①商业服务-中等专业学
校-教材 Ⅳ. ①F718

　　中国版本图书馆CIP数据核字(2017)第249417号

策划编辑	陈伟清	责任编辑 陈伟清	封面设计 张 志	版式设计 马敬茹
插图绘制	杜晓丹	责任校对 高 歌	责任印制 朱 琦	

出版发行	高等教育出版社	网　　址	http://www.hep.edu.cn
社　　址	北京市西城区德外大街4号		http://www.hep.com.cn
邮政编码	100120	网上订购	http://www.hepmall.com.cn
印　　刷	北京市联华印刷厂		http://www.hepmall.com
开　　本	787 mm×1092 mm　1/16		http://www.hepmall.cn
印　　张	9.5	版　　次	2004年8月第1版
字　　数	210千字		2018年1月第3版
购书热线	010-58581118	印　　次	2021年12月第6次印刷
咨询电话	400-810-0598	定　　价	21.30元

本书如有缺页、倒页、脱页等质量问题,请到所购图书销售部门联系调换
版权所有　侵权必究
物 料 号　48691-A0

第三版前言

随着我国经济的高速发展,社会对于收银人才的需求量越来越大,各行各业的发展都离不开收银工作。但是,一直以来,人们对于收银人才的培养都存在一个认识上的误区,就是认为收银员不需要理论知识和课堂学习,只需要学会实际操作就可以了。致使一方面中职学生因自身学历层次相对较低,想在收银工作岗位就业越来越困难;另一方面,关于收银工作的业务知识和操作技能的中职教材缺乏,有的学校甚至都没有在教学过程中引入相关教材,整个教学过程缺乏科学客观的理论框架和知识体系,很多学生走上工作岗位时还不清楚收银岗位的工作规范和业务流程。

自 2002 年起,山东省职业教育教研室将收银岗位人才培养作为课题进行立项,并组织山东省中等职业学校会计专业老师对行业企业进行了充分的调研,对于超市、酒店、宾馆等各种不同的企业进行深入的调查研究,主要研究他们的人才需求,确定收银人才的培养方向,将收银岗位工作规范和业务流程也引入了课堂教学当中。经过两年的教学实践,积累了一定的教学改革经验,为了巩固深化教学改革的成果,使教学体系得以固化,并能与同行们一起分享,2004 年 1 月我们编写了本书第一版,填补了市场空白。2009 年经过了一次修订。2014 年,本书与配套用书《收银软件应用》《收银员基本知识》《收银员岗位技能》和《收银技能强化训练》一起形成系列教材,荣获国家级教学成果二等奖(证书见下图)。

国家级教学成果奖
获奖证书

获奖成果:收银岗位人才培养《收银实务》系列
创新教材(教材)

获 奖 者:于家臻 陈琰 孙新华

获奖等级:二等奖

证 书 号:20146195

本书进行了全面修订,努力从中职学生认知规律出发,以收银工作过程为主线,以学习任务为引导,以职业活动为基础重新构建知识体系。修订后教材具有以下特点:

(1) 以收银岗位实际工作为基础,实现教学内容与工作要求零对接。为了使教学内容具有较强的实用性和可操作性,我们调研了数家具有代表性的商品零售企业,特别是针对收银员岗位技能、收银作业程序及收银工作服务规范等做了专题调研,取得了丰富详实的调研资料,在此基础上,按照最新的收银工作技术与技能编写,使本书的内容与收银工作要求做到了零对接。

(2) 以"理实一体"为编写原则,重点培养学生的实践操作能力。本书贯彻"以服务发展为宗旨,以促进就业为导向,以培养能力为本位"的指导思想,以"理实一体"为编写原则,紧紧围绕现代零售企业收银岗位的工作需求,对教学任务进行活动设计,突出实践活动的教学内容,使学生在"学中做,做中学"过程中,学会并掌握收银工作岗位技能和业务操作,从而全面培养学生的综合职业素质和实践操作能力。

(3) 以"任务+活动"为编写体例,使教学内容更加科学合理实用。本书采用"任务+活动"的编写体例,打破了传统教材以大篇幅知识介绍为主的编写模式,将所有的专业知识融入每一个活动当中,让学生在每一个活动中进行学习,使之更加符合学生的学习特点和认知规律,从而达到了本书编写"立足理论,突出实践,学以致用"的目的。

(4) 以最新的知识和技能为编写素材,避免教材的滞后性。本书在企业调研的基础上,结合现代零售业收银工作的新知识、收银机的新技术,以及收银业务操作的新方法和流程进行编写,突出了企业收银工作的新知识、新技能和新方法。

(5) 内容编排新颖明快,文字表述通俗易懂。本书充分考虑了中职学校学生的层次,尽可能地使用通俗易懂的文字阐述基本知识和操作方法,以要点式的说明取代冗长的文字叙述,做到了文字精练、深入浅出、简明易学。

本书可安排72学时开展教学活动,各任务学时分配见下表(仅供参考):

学时分配建议表

教学内容		学时数			
		讲授	训练	机动	合计
单元 1 收银业务基本知识	任务 1.1　收银业务	1			
	任务 1.2　收银业务环境	2	2		
	任务 1.3　收银业务管理	1			
单元 2 收银基本技能	任务 2.1　点钞与验钞	4	4		
	任务 2.2　收银机操作	3	3		
	任务 2.3　条码的扫描与录入	2	2		
	任务 2.4　商品消磁与装袋	2	2		
单元 3 收银服务规范	任务 3.1　仪容仪表规范	2	2		
	任务 3.2　行为语言规范	2	2		

续表

教学内容		学时数			
		讲授	训练	机动	合计
单元 4 收银作业流程	任务 4.1　营业前收银作业准备	2	2		
	任务 4.2　营业中收银业务处理	3	3		
	任务 4.3　营业后资金的上缴与稽核	2	2		
单元 5 收银相关业务	任务 5.1　总收款室业务	2	2		
	任务 5.2　收银特殊业务	2	2		
	任务 5.3　资金与票据管理	2	2		
	任务 5.4　商品防损管理	2	2		
机动				6	
合计		34	32	6	72

　　本书由山东省教育科学研究院职教所于家臻担任主编,负责全书策划并定稿;青岛华夏职业学校孙新华担任副主编,负责全书统稿。参与本书编写的人员及分工是:于家臻编写单元1和单元3;济南第三职业中等专业学校王毅编写单元2;孙新华编写单元4和单元5。成都市财贸职业高中余燕、黑龙江省贸易经济学校姚红霞和山东省潍坊商业学校杨丽艳也分别参与了单元3和单元5部分内容的编写工作。

　　本书在编写过程中得到了山东银座商城股份有限公司黄殿辉和济南嘉华购物广场有限公司金颖两位企业专家的大力支持,他们给本书编写提供了许多意见和建议,在此表示诚挚的谢意。

　　为了方便教师教学和学生自主学习,本书配有二维码教学资源,可在网络环境下"扫一扫"书中的二维码,获得相关的视频资料或阅读材料。同时,本书还配有同步训练和学习卡资源,详细使用说明见本书"郑重声明"页。

　　由于编者水平有限,书中错误及不当之处在所难免,敬请广大读者批评指正。读者意见反馈信箱:zz_dzyj@pub.hep.cn。

编　者

2017 年 9 月

第一版前言

收银就是收款。但是,现代零售企业里的收银工作已不同于传统的收款工作,它是随着现代零售业的繁荣发展和现代化收银手段的广泛应用而发展起来的工作岗位。虽然这个岗位是以收取货币资金为主,但不能说它就是出纳岗位,因为它只负责"纳"而不负责"出",因此收银工作可以说是一个全新意义上的工作岗位。目前收银岗位拥有大批的从业人员——收银员,据统计他们大部分是中等职业学校财经类及相关专业的毕业生,他们除了学习过相关的会计知识外,并没有学习过系统的收银知识,只是经过短期的岗前培训而上岗工作的。为了使中等职业教育能够培养出高素质的收银人员,适应我国零售业的迅猛发展对收银人才的需求,满足中等职业学校人才培养和全面素质教育的需要,我们编写了本教材,以供中等职业教育财经类会计专业的教学使用,同时也可作为相关专业及岗位培训的教学用书。

本教材主要有以下几个特色:

一、体现职业教育的特色,以培养学生的应用能力为主。全书始终贯彻"以能力为本位,以学生为主体,以实践为导向"的教学指导思想,注重学生综合职业能力的培养。在向学生传授专业理论知识的同时,主要围绕职业岗位的需要,培养学生从事收银工作及相关工作的能力。本教材对教学内容进行了模块化设计,突出了实践模块的教学内容,具有较强的实用性和适用性。各章节均采取理论与实践相结合的方式,能够有效训练学生的实际操作能力。

二、教材内容突出新知识、新技术、新方法。本教材内容体现了目前现代零售业收银工作的最新知识和现代化的电子收银机技术以及最新、最实用的收银业务操作方法。

三、教材文字方面充分考虑了目前中等职业学校学生的层次,尽可能地使用通俗易懂的文字阐述基本知识和操作方法,以要点式的说明取代冗长的文字叙述,力求做到文字精练、深入浅出、简明易学,以适应当前中职学生的学习特点。

四、教材编排突出新颖明快、图文并茂的风格。本教材一改传统教材的编排格式,插入了大量形象直观的图片,并增设了"想一想""试一试""议一议""请注意",以及"知识窗""小资料"等小板块,从而增加了教材的趣味性和可读性,这既可增强学生的学习兴趣,又便于在职收银人员自学使用。

本书由山东省教学研究室高级教师于家臻任主编,青岛华夏职教中心高级教师陈琰任副主编。参加本书编写的人员有:于家臻(第一、二、三、四、九章),孙新华、陈琰(第五、六、七章),李慧芳(第八章),平玉华(第四章第三节)。全书由于家臻负责编写提纲的拟定和全书的统稿工作。

本课程总学时为80学时,各章课时分配见下表(仅供参考):

序号	课程内容	学时数		
		合计	讲授	实训
1	收银概述	5	3	2
2	收银工作的组成要素	10	6	4
3	收银机构设置与工作要求	6	4	2
4	收银员基本技能	15	9	6
5	收银台工作程序	10	6	4
6	主要收银业务操作	15	9	6
7	退换货业务操作	6	4	2
8	资金与设备的管理	6	4	2
9	收银员礼仪	7	5	2
合计		80	50	30

　　本书由山东科技大学财政金融学院的张振华副教授担任主审。本书在编写过程中,得到了山东省教学研究室、青岛华夏职教中心、广州晋新软件公司等单位的大力支持。其中:山东省教学研究室副主任、研究员尚志平同志对全书给予了很多宝贵意见;广州晋新软件公司的杨铭工程师对书中电子收银机及其软件应用的相关知识做了修订。另外,本书还参考了一些著作的成果以及因特网上的相关材料,在此一并表示感谢。

　　由于编者水平有限,错误之处在所难免,敬请读者及有关专家批评指正。

编　者

2004 年 1 月

本书配套的数字化资源获取与使用

二维码教学资源

本书配有教学视频、教学图片、知识拓展等教学资源,在书中以二维码形式呈现。扫描书中的二维码进行查看,随时随地获取学习内容,享受立体化阅读体验。

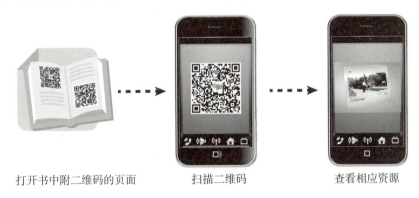

打开书中附二维码的页面　　　扫描二维码　　　查看相应资源

Abook 教学资源

本书配套授课教案、演示文稿、同步训练参考答案等教学资源,请登录高等教育出版社 Abook 网站 http://abook.hep.com.cn/sve 获取。详细使用方法见本书"郑重声明"页。

注册　　　　登录　　　　绑定课程

访问网站 abook.hep.com.cn/sve　　需匹配用户名、　　输入教材封底所附学习卡
自行设定用户名、密码,留下常用邮箱　　密码、验证码　　上的密码,免费获取资源

扫码下载 APP

目　　录

收银业务基本知识

当你去商场或超市购物的时候,面对货架上面琳琅满目的商品,总是会有一种购买的欲望。但是,想要获得自己选中的商品,就需要去收银台交款,方能取走,这就是人们通常所说的"一手交钱,一手交货"的商品交易活动。

在这个商品交易过程中,有一项很重要的业务——收银。可以说,收银是商品交易过程中不可缺少的一个环节,没有这一环节就无法完成商品交易。

收 银 业 务

学习目标

通过本任务的学习,你可以达成以下目标:
- 弄清收银业务的概念
- 了解收银业务的性质和特点
- 明确收银业务的范围和作用
- 了解收银业务的发展历程

 活动 1.1.1 了解收银业务的概念、性质、特点、范围与作用

 活动准备

到一家离校或离家最近的大型超市和连锁超市,观察他们的收银环境、设备,以及收银员工作流程等,有条件的可以将它们的工作流程进行录制,并进行对比,寻找它们各自的特点。

 活动内容

1. 收银业务的概念

收银,顾名思义就是收钱,也称作收款,是商场、超市等商业零售企业及其他商业业态设在营业区域收取货币资金的专门业务活动。

由于"收银"一词中的"银"是指货币,而在日常生活中人们往往会把货币称作钱、款,因此,收银、收钱、收款在商业零售企业的经营活动中都属于同一种业务。本书所讲的收银业务主要是指收银员所从事的相关业务。

收银与出纳

2. 收银业务的性质

收银业务是一项经济管理活动,也是一项专门的经济工作,是商业零售企业财务工作的重要组成部分。从性质上来说,收银业务是零售企业财务部门设在营业区域收取货币资金的专门业务。

收银业务从其工作内容、方法、要求,以及从业人员应具备的素质等方面来看,与出纳业务有很多相同之处。但是,收银业务与出纳业务又有很大的区别。出纳业务既负责货币资金的收入,也负责货币资金的支出,同时负责现金日记账与银行存款日记账的登记工作。收银业务只负责

货币资金(包括现金、支票、各种金融支付卡等)的收入,而不负责货币资金的支付,在日常工作中也只需要填制、打印一些收款结算凭证或表单,不负责账簿的登记与核算。另外,收银业务还担负着商品的扫描、消磁、装袋,以及商品的退换货等业务。

在现代商品零售业态中,从小型的便利店、专卖店等零售商店到大中型的商场和超市,几乎都设有独立的收银台,并配备专门的收银员从事收银工作。收银工作已经成为一项专业性很强的、非常重要的经济工作,收银岗位也已经成为现代零售企业中必须配置的职业岗位(群)。

3. 收银业务的特点

任何业务活动都有其自身的特点和规律,收银业务也不例外。收银业务具有以下特点:

(1) 专业性。收银业务作为商业零售企业的一项专门工作,有很强的专业技术和工作要求。首先,收银岗位需要配备具有专业知识和技能的专门人员(即收银员)来从事收银工作;其次,收银业务需要使用专业的操作设备,如收银机、条码扫描器等;再次,从事收银工作需要掌握一定的专业技能和服务规范,如点钞与验钞技能、条码扫描与录入技能、商品消磁与装袋技能,以及收银服务相关规范等。

(2) 责任性。由于收银台每天都会收取大量的货币资金,而这些货币资金既关系着企业的经济利益,又关系到顾客的切身利益,因此需要每一位收银员具有高度的责任心,工作中要认真仔细,既要做到所收取的每一笔资金准确无误,又要使所有货币资金得到妥善保管,确保企业财产不受损失。

(3) 时间性。由于当下人们的生活节奏快,加上商场、超市等零售企业的客流量较大,因此收银工作时间性要求很强。为减少顾客交款时排队等候的时间,让顾客能高兴而来,满意而归,就需要每个收银员心里有个时间表,及时为顾客办理结算服务,保证收银工作的效率和质量。

(4) 规范性。收银工作是一项规范性的工作。交易过程中的每一个工作环节都必须按照规定的程序办理,从迎宾、扫描、消磁、收款、打单、装袋到欢送顾客,都要执行一定的工作标准,只有这样才能保证收银工作的服务质量。

(5) 服务性。收银工作也是一项服务性工作。俗话说,顾客就是"上帝",让每一位顾客满意是收银工作的服务宗旨。因此,每一位收银员都应当树立服务意识,坚持热情服务,礼貌待客,从而有效地提高收银工作的服务质量,树立企业在顾客心目中的良好形象。

4. 收银业务的范围

收银作为零售企业的一项专门工作,其业务范围主要包括以下几个方面:

(1) 清洁、整理收银作业区,管理、养护收银工作设备。

(2) 领取零用金(备用金)及办公用品,保管收银印章及各种结算单据。

(3) 为顾客提供扫描、消磁、收款、打单、装袋等整个结算流程服务。

(4) 负责现金、支票、银行卡单据、移动支付单据、优惠券等营业资金的管理与上缴。

(5) 负责收款结算凭证及收银相关表单的填制、装订与上缴。

(6) 为顾客提供商品退换货在收银机上的结算处理服务。

5. 收银业务的作用

(1) 确保企业经营活动的正常运转。商场、超市等商业零售企业经营的商品种类繁多,销售业务量巨大,整个经营活动的正常运转依靠的是快速高效的收银工作。收银业务越流畅,企业经营活动的运转就越通畅,因此收银业务是零售企业经营活动的重要保障。

（2）帮助企业顺利实现经济效益。收银业务担负着企业日常销售资金的收取和管理任务,是企业经营活动的第一道"关卡"。收银工作做好了,企业就能顺利实现销售收入和经济效益;反之,收银工作出现问题,营业资金收取不及时或是出现差错,就会直接影响企业的正常经营,最终影响企业经济效益的实现。

（3）保护企业货币资金的安全。货币资金是一个企业物质财富中最活跃的要素,是企业经营资金的重要组成部分,是企业经营业绩的重要体现。因此,保护货币资金的安全是预防企业财产损失和保护企业经营成果的重要环节。收银员是企业经营活动中重要的业务岗位,不仅担负着企业日常销售资金的收取任务,还担负着保护企业货币资金安全的重要使命。因此,收银工作应加强管理,严防差错,防止丢失和被盗,切实保护好企业货币资金的安全与完整。

（4）维护企业经营的良好形象。收银是一项服务性工作,其工作效率的高低、服务质量的好坏,直接影响着企业在顾客心目中的形象。因此,每一位收银员要树立服务思想,增强服务意识,在日常工作中坚持热情服务、礼貌待客,有效地提高收银工作效率和质量,最大限度地维护企业的良好形象。

活动训练

在本活动对两家超市的收银环境等进行比较的基础上,再围绕收银业务 5 个特点,完成一篇收银业务的调查报告。

活动 1.1.2 知晓收银业务发展

活动准备

利用网络资源,收集全国首家超市和全球首家无人超市的相关报道,并调查所在城市或地区拥有大型超市、连锁超市、无人超市的数量。

活动内容

1. 传统收银业务

传统意义上的收银业务作为一种商业活动,是随着商品与货币的出现而逐渐产生的。人类最早的商品经济是以商品交换为主,交换的方式为"商品—商品"的物物交换。货币出现以后,人们从事商品交换的方式由原来的"商品—商品"的物物交换,变成了"商品—货币—商品"的商品买卖方式。此时的商品持有者要想换回其他商品,须先将自己的商品换成货币,再用货币去购买自己所需要的商品,这比直接的物物交换无论在形式上还是在实质上都有了很大的进步。由于有了货币,使得交换双方有了一个共同的衡量标准,从而形成了商品的等价交换。

伴随着人类历史的发展,生产力水平不断提高,商品生产不断发展,商品经济日趋繁荣,于是社会上逐渐出现了一批专门从事商品交换并从中牟利的人——商人,随后便出现了由商人开设的专门从事商品经营的店铺和商行。逐渐地,就形成了一种新的行业,即商业。

从古至今,商业活动是由千千万万个商人进行的。在商业活动中,商人在生产者与生产者、生产者与消费者之间从事商品买卖,而买卖商品就要收取货币,这种收取货币的行为就是收银。随着商品经济的进一步发展,商品交换的规模和范围越来越大,于是商业内部的分工也越来越细。一些规模较大、经营状况较好的店铺和商行,为了加强资金和经营管理,实行了较为细致的商业分工——有负责商品采购的,有负责柜台卖货的,还有专门负责收取钱款的,并在店内设立钱柜和货柜两种柜台,实行钱、货分开管理。钱柜专门负责收取货币,在今天看来,它相当于当时的收银台。这样,收银就慢慢地从经营活动中分离出来,形成了特殊的、专门的独立职能,发展成为商品经济活动中的一项专门业务。收银业务经历了漫长的发展历程,随着人类生产规模日趋扩大,生产社会化程度日益提高,特别是资本主义生产的发展,促进了商品经济的繁荣,使得收银业务有了长足发展。

收银业务作为经济管理的重要组成部分,既受社会生产力发展水平的影响,又受社会经济、历史、文化的影响。不同社会、不同历史时期,人们对收银业务的要求和认识也不尽相同。在我国,收银一词是历史上延续下来的,从宋朝起我国开始以白银作为主要货币,一直流通至 20 世纪 30 年代,所以后来人们仍习惯把收取钱款称作收银。

从中华人民共和国成立至改革开放初期,我国的商品经济相对于今天来说很不发达,仅仅局限于国有商业企业经营的商品以满足人们生产、生活的基本需求。以百货商店为主的零售企业经营方式比较单一,人们的支付手段也主要是单一的现金货币,商店收银工作主要依靠工作台、算盘、印章等简单的设施和工具进行手工收银操作,工作效率极其低下。因此,这一时期的收银业务属于传统意义上的工作方式。

2. 现代收银业务

现代收银业务是随着我国改革开放的逐步深入,人民生活水平的不断提高,商品经济的快速发展,超市、购物中心、专卖店、仓储会员店、连锁店等现代零售企业的崛起以及现代经营方式的出现而发展起来的。

20 世纪 90 年代初期,我国社会主义市场经济体制日趋完善,商品经济日益繁荣,人民生活水平不断提高,培育和发展超市这一现代化零售经营方式的条件业已成熟,于是超市率先在我国一些经济发达的地区发展起来,并且呈现良好的发展势头。20 世纪 90 年代后期,超市在我国的大中城市迅速地发展起来。我国加入 WTO 以后,国外的一些零售企业巨头如美国的沃尔玛、法国的家乐福等也纷纷"登陆"我国,在我国的一些大中城市合资或独资兴建大型超市,不但站稳了脚跟,而且取得了良好的经营业绩。超市及连锁店已经成为最主要的商业经营业态和经营方式。

超市的发展带来了我国商业零售企业的一场革命,此后我国的商业零售企业朝着多样化、综合化、多功能一体化的方向发展。如今,我国商业零售业的各种经营业态蓬勃发展,如超市、大型超市、仓储会员店、百货店、连锁店、专卖店、家具建材商店、购物中心、工厂直销中心等零售企业遍布我国城市社区当中,大大方便了城区居民的生活需求。

零售企业的多样化,城区居民消费水平的提高,加之现代生活的快节奏,货币流通速度逐步加快,也促使人们的支付手段发生变化,由原先单一的现金货币支付手段,发展成为银行卡、储值卡等电子货币广泛应用,移动支付盛行的现代支付手段。电子货币、移动支付的应用不仅增加了资金使用的安全性,大大地加快了流通领域的货币流通速度,而且使得人类的生产生活和商业活动变得更加方便快捷。

现代零售业的发展以及电子货币的使用,促进了企业收银业务的现代化。现代收银工作采用的是计算机、收银机、条码扫描器、消磁器、电子秤,以及通信网络、POS 销售管理系统等现代化的操作设备和工作系统。收银员也早已摆脱了工作台、算盘、印章等简单的操作工具,取而代之的是自动化、智能化的现代工作方式。因此,现代收银业务是一项全新意义上的经济业务,现代收银岗位是一个现代化、智能化的工作岗位。

 活动训练

整理本活动收集的资料,并将我国超市及其收银业务发展按时间顺序排序,制作成 PPT,配以可视化的图片或视频。

收银业务环境

学习目标

通过本任务的学习,你可以达成以下目标:
- 了解收银工作硬件环境
- 了解收银工作软件环境
- 熟悉 POS 收银销售系统功能
- 熟悉收银工作设备的使用方法

 活动 1.2.1 体验收银工作环境

 活动准备

(1) 到离校或离家最近的大型超市和普通便利店。

(2) 对以上不同类型的超市进行考察。

(3) 有条件的,可以对以上不同类型超市的收银业务情景进行录制。

 活动内容

1. 收银工作硬件环境

(1) 商品营销环境。零售企业商品卖场的营销环境,包括经营店面、货架、展柜、商品、POP广告及店内装饰物品等元素。

百货商场和超级市场是两个最典型的商业零售业态,也是最具代表性的商业零售企业。由于两者的经营方式不同,其营销环境也不尽相同。

百货商场的营业面积一般在 6 000~20 000 平方米;商品结构以服饰、鞋类、箱包、化妆品、家庭用品、家用电器为主,门类齐全,综合性强;商品售卖方式采取柜台销售和开架销售相结合的方式。

超级市场是以销售包装食品、生鲜食品、副食品和生活用品为主,满足顾客每日生活需求的商业零售企业。超市的商品售卖方式均采取自选销售,出入口分设,在收银台统一结算的经营方式。

商场、超市的经营店面都注重营销气氛的设计,关注顾客购物时的整体心态。卖场讲究宽敞、明亮、温馨、舒适,使顾客购物时既感觉方便,又感到轻松。

卖场布局

一般地,卖场布局注重两个效果:一是顾客与店员行动路线的有机结合;二是塑造温馨舒适的购物环境。卖场的通道划分为主通道与副通道。主通道是诱导顾客行动的主线,而副通道是顾客在店内移动的支线。通道的亮度比卖场的其他区域明亮,通道的宽度通常要宽些,平坦、笔直、少拐角、没有障碍物,引导顾客按设计的自然走向,走向卖场的每一个角落,能接触到所有商品,同时也使卖场空间得到最有效的利用。货架和展柜的布局尤为重要,要使所有商品摆放合理,并与商品的展现相得益彰。摆放货架时需要考虑货架的位置、排列、大小是否合适;货架的高度、宽度是否得当;货架是否整洁明亮;货架上的商品是否易于挑选和整理(见图1-1)。

图 1-1　卖场环境

(2) 收银作业环境。收银作业区是以收银台为中心的收银工作区域。收银作业区的环境布局非常重要,既要保证收银工作安全快捷,又要方便顾客交款结算。由于商场和超市的经营方式不同,收银台的设置布局也完全不相同。

商场收银台设置在每个营业层面上,本着方便、快捷、兼顾营业面的原则设置,设置数量根据商场的营业面积而定。通常大型商场每200平方米设置一个收银台,中型商场每150平方米设置一个收银台,小型商场每100平方米设置一个收银台。商场收银台一般为半封闭式的工作间,收银台案上面通常以玻璃或其他材料制成挡板,以加强收银工作的安全性。工作间内配备收银机、银联POS机、扫描器、验钞机等收银工作设备。

超市收银台设置于卖场的出口处,设置数量也是根据超市的营业面积而定。大型超市一般按照一个收银台兼顾200平方米的营业面积设置,中型超市按照一个收银台兼顾150平方米的营业面积设置,小型超市可以按照一个收银台兼顾100平方米的营业面积设置。另外,超市收银台的数量还可以以满足顾客在购物高峰时能够迅速付款结算为原则设置,按照每小时通过

500~600 人为标准设置收银台。一般而言,顾客排队等待结账的时间不能超过 8 分钟,否则就会产生烦躁情绪,因此可以设置"黄金通道",专门为购物不超过 3 件单品的顾客服务,以加速顾客结账的速度。收银台要按照一定的顺序进行编号,可以根据卖场的实际情况采用单线排或双线排的方式进行布局。一般小型超市采用单线排的收银方式布局,大、中型超市由于客流量大通常需要采用双线排的方式布局。

超市的收银作业区一般用收银台案自然分割成顾客通道和收银员工作间。顾客通道的宽度一般应大于 1.5 米,以栏杆分割成双线通道,以方便顾客排队结账和出行。通道口附近可以设置一些单位价格不高的商品,如口香糖、图书报刊、饼干、饮料等,供排队结账的顾客选购。为充分利用销售空间,收银员工作间相对空间较小,一般仅容纳一人站立工作。工作间内配备收银机、条码扫描器、银联 POS 机、验钞机等收银工作设备(见图 1-2)。

收银作业区

图 1-2 收银作业环境

2. 收银工作软件环境

收银工作软件环境即收银工作应用软件,简称收银软件。收银软件又称收银工作管理系统,全称为 Point of Sales 管理系统(POS 系统),也被译为"销售时点情报管理系统",是专门用于商品经营企业前台销售与后台管理的计算机应用软件。具体地讲,就是用来对商品经营企业的前台销售信息进行实时跟踪处理,以及对后台采购订货与库存盘点等信息进行实时管理的计算机工作程序。

(1) 收银软件的构成。收银软件包括前台 POS 销售系统和后台 MIS 管理系统两大基本部分。

① 前台 POS 销售系统是通过自动读取设备(条码扫描器),在销售商品时直接读取商品的销售信息(如商品名称、规格、单价、数量等),从而实现前台销售业务的自动化。它能够对商场、超市等零售企业前台的所有交易信息进行录入、加工、整理、分析、传递和反馈,实时跟踪、服务和管

理,并通过通信网络和计算机系统传送至后台,通过后台计算机管理系统的计算、分析与汇总等掌握商品销售的各项信息,为企业管理者分析经营成果、制定经营方针提供及时有效的依据,从而提高企业的经营效益。

② 后台 MIS 管理系统又称管理信息系统,是整个 POS 系统网络的后台管理部分。它负责整个企业购、销、调、存系统的管理,以及财务管理、考勤管理等。它既可以根据商品进货信息对供应商进行管理,又可以根据前台 POS 提供的销售数据,控制进货数量,合理周转资金,也可分析统计各种销售报表,快速准确地计算成本与毛利,还可以对营业员、收银员的业绩进行考核,是员工分配工资、奖金的客观依据。

后台 MIS 系统既是一个商品的信息库,也是对前台收银系统的控制中心。因为前台收银系统要能正常运转,必须依靠后台 MIS 系统建立起来的商品主档资料。当收银机接收了商品编码或条码信息后,就要到后台信息库中寻找商品的主档资料,以辨识商品代码是否正确,然后才能接受该商品的售价,并记录下该种商品的销售数量。所以,每一种商品在第一次进入商场、超市等零售企业的卖场销售时,一定要依据规定的格式将有关该商品的基本资料输入后台管理系统,然后该种商品才可以在前台进行销售。因此,前台 POS 销售系统与后台 MIS 管理系统是密切相关的,两者缺一不可。

(2) 收银软件的应用环境。收银软件的应用环境是一个由前台收银机、后台计算机和服务器组成的网络环境。这个网络环境的结构是前台一定数量的收银机通过网络交换机与服务器相连接,服务器又通过网络交换机与后台计算机相连接,共同组成了一个结构合理、功能强大、集销售和管理于一体的网络环境下的 POS 系统。POS 系统网络拓扑结构如图 1-3 所示。

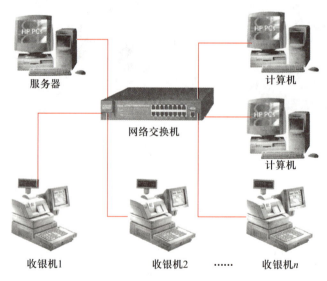

图 1-3 POS 系统网络拓扑结构示意图

在 POS 系统网络结构中,前台收银机作业时所需要的交易信息,首先,由后台计算机(工作站)下载到服务器,再由服务器下载到前台收银机;然后,前台收银机将商品交易信息传送到服务器,服务器再通过网络交换机传送到后台计算机管理系统,由后台计算机管理系统来完成所有商品的购、销、调、存的处理和分析。因此,收银软件的应用离不开前台收银机和后台计算机。收银软件的前台 POS 销售系统和后台 MIS 管理系统,只有通过网络交换机,才能充分发挥其应有的作用。POS 系统将计算机的硬件和软件集成一体,形成了一个智能型的、既可以独立工作,也可以在网络环境下工作的商业工作站点。

收银软件在商品经营管理中的应用,使得商品经营企业的决策者们在商品销售的任何过程中的任一时刻,都可以通过 POS 系统掌握企业的经营情况,从而实现企业库存商品的动态管理,使商品的存储量保持在一个合理的水平,减少不必要的商品库存,提高企业资金的利用率。收银软件的应用,不仅能够实现现代零售业收银工作的现代化,而且能够实现其营销管理的现代化。

 活动训练

将本活动录制的视频或拍摄的照片,围绕收银工作的硬件、作业、软件环境等方面进行分析对比,写一份调查报告。

 熟悉收银工作设备

 活动准备

有条件的学校可建设收银技能实训室,配备收银设备及相关商品,学生可提前对每种收银设备进行了解或预习。无收银技能实训室的学校,可从网上收集相关资料。

 活动内容

收银工作常用的设备主要有收银机、收银机外部设备、银联 POS 机、验钞机等。有的商场、超市为了增加营业资金的安全性,在收银台下面的安全角落放置一个小型保险柜。

1. 收银机

收银机是用于商品交易结算和管理的精密计算机设备,具有保存、自动查询、显示和打印单品信息、计算交易情况、显示和打印统计报表、断电数据保护等功能。它是微电子技术、机械技术的发展与现代商品营销管理理念相结合的产物,是现代化、自动化的商业经营与管理必不可少的电子设备之一。

按收银机的发展过程及其功能,可以分为第一类收银机、第二类收银机和第三类收银机。目前,商场、超市等商业零售企业使用最多的是功能强大的第三类电子收银机,也称作 PC-Base 型收银机或 POS 收银机(见图 1-4)。POS 收银机主要由电子器件和机械部件两部分组成,共有六个组成部分:

(1) PC 主机。PC 主机是 POS 收银机的核心部分,主要由主板、

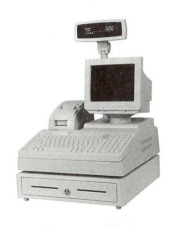

图 1-4 POS 收银机

收银机

CPU、内存、硬盘和网卡组成。商业企业全部进、销、调、存的经营与管理均在该机上进行。PC 基准的收银机,既可以用单机来实现小型商店及单个企业的进、销、调、存的全面管理,也可以联成局域网组成大型商场、超市以及通过互联网组成远程连锁门店的 POS 销售管理系统。

(2) 键盘。键盘是 POS 收银机的信息输入和功能操作设备,用来输入各种销售数据、商品代码。常见的键盘有三种:第一种是普通计算机键盘,其键位布置与普通键盘没有区别,通过收银软件中的功能设定相应字母在该软件中所代表的功能键;第二种是可编程键盘(见图 1-5),出厂时所有键位内容均是空白的,可以根据实际需要通过该键盘自带的驱动程序设定功能键;第三种为固化编程键盘,是在可编程键盘基础上加以改进的,按照使用习惯或需要定义键盘内容的位置,并写进芯片加以永久保存。定义好的功能键名称可以印刷在键帽上,不易磨损丢失。

小票打印机

(3) 打印机。打印机属于 POS 收银机的信息输出设备(见图 1-6),用于打印收银小票、发票和管理存根,一般有针式和热敏式两种。针式打印机噪声大、成本高,但可套打税务发票及多层纸打印,常见规格为 75 毫米宽度打印;热敏打印机只能打印单层纸且票据不能长期保存,但无噪声、成本低,常见规格为超市使用的 58 毫米宽度打印机及餐饮业使用的 80 毫米宽度打印机。

图 1-5　可编程键盘

(a) 热敏式打印机

(b) 针式打印机

图 1-6　打印机

收银机显示器

(4) 显示器。POS 收银机配有两个显示器:主显示器与顾客显示器(见图 1-7)。主显示器即计算机屏幕,用于显示商品交易和商品管理信息,是收银员工作的视屏窗口,一般为 9 英寸或 10 英寸的黑白单色显示器或液晶单色显示器,可以固定在 POS 机箱上,也可前后、左右移动。顾客显示器又称 LED 客显,是面向顾客显示商品交易信息的仪器,通常有旋转式、升降式和固定式三种。

(5) 钱箱。钱箱是一个独立的小钱柜,用于收银员收款时放置现金,配有电子锁,可与收银机相连接(见图 1-8)。

(6) 外部设备接口。外部设备接口用于连接收银机的各种外部设备。

2. 收银机外部设备

(1) 外置打印机。POS 收银机除内置打印机外,还可连接外置打印机,如餐饮业中所用的厨房打印机和票据打印机,以及能够打印商品条码粘贴纸的条码打印机(见图 1-9)等。

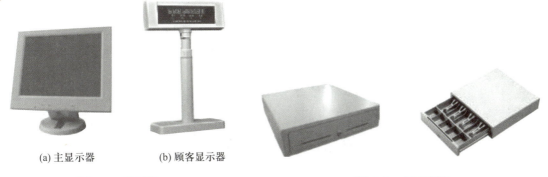

(a) 主显示器　　　　(b) 顾客显示器

图 1-7　显示器　　　　　　　　　图 1-8　电子钱箱

(2) 条码扫描器。条码扫描器也称条码阅读器(见图 1-10),是条码的读入装置,属于光电识读设备,用于收款作业时扫描商品的条码,以录入所销售的商品信息。条码扫描器从外观上可分为手持式和台式两种;按光源可分为红外光扫描器和激光扫描器两种。

条码扫描器

(a) 手持式条码扫描器　(b) 台式条码扫描器　(c) 红外光扫描器

图 1-9　条码打印机　　　　　　　图 1-10　条码扫描器

(3) 磁卡读写器。磁卡读写器是一种磁记录信号的读入或写入装置,用于读取银行卡、储值卡等磁卡记录的信息。它的种类和型号较多,从磁迹数量上区分为单轨(见图 1-11)、双轨和三轨三种,广泛用于银行卡、储值卡、会员卡等的快速识别。

(4) 电子秤。在超市里,当出售生鲜商品时,通常先使用电子秤称量该商品重量,并将重量数据通过网络传给收银机,然后由收银机计算出该商品价格。或者,先使用条码电子秤称量该商品重量,待其计算出商品价格后将条码标签(见图 1-12)打印出来贴于该商品上面,然后通过扫描器扫描,最后由 POS 收银机自动识别完成结算。

图 1-11　单轨磁卡读写器

(5) 调制解调器和网卡。调制解调器即 Modem,可将收银机的数据通过电话线传给后台计算机;网卡即上网卡,通过网卡可将数据传输给局域网内

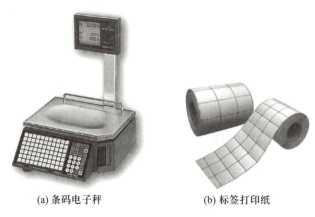

(a) 条码电子秤　　　　　　　(b) 标签打印纸

图 1-12　条码电子秤与标签打印纸

部的后台计算机,进行数据处理。

(6) 后备电源。后备电源即 UPS,用于断电后由电池直接向收银机供电。

3. 银联 POS 机

银联 POS 机也叫金融 POS 终端机,是安装在商户的收银台内,为持卡人(顾客)提供授权、消费、结算等服务的专用银行电子设备。银联 POS 机通过通信线路和收单银行或银联中心与发卡机构的主机相连,可自动识别银行卡的真实性、合法性和有效性,具有自动授权和自动转账的功能,是顾客在商场、超市购物时持银行卡结账的主要结算工具。

银联 POS 机

4. 验钞机

验钞机是用来识别假钞的电子设备。商场、超市的收银台每天营业收取现金的工作量最大,而验钞是收银工作必不可少的一个环节。人民币真伪识别主要依靠收银员人工识别,同时使用验钞机对可疑票币进行复验。

验钞机

5. 办公用品

收银工作常用的办公用品主要有印章、印盒、计算器、签字笔、发票、签购单、空白收银条、购物袋、消磁取钉器和 CD 取钉器,以及现金布袋、胶水、胶带、橡皮筋、订书机、海绵缸、剪刀、警铃、号灯、"暂停服务"牌等。

营业期间,办公用品应放置在收银台的固定位置,以方便使用。同时,收银台面上的用品应摆放整洁,不经常使用的小件用品一般要放在收银台案的抽屉内,以免造成收银作业区环境混乱。现金要及时放入收银机钱箱内,重要单据、凭证要在处理后收好,不得随手摆放在收银台面上。废弃的单据也应收好放在固定的位置,以便集中销毁;不得随手丢掉,以防被他人利用。

 活动训练

利用业余时间,到附近的商场或超市,实地观察收银员借助收银设备开展收银工作的全过程,并将此过程完整地记录下来。有条件的可将该过程进行录制或拍摄。特别关注这些设备的使用方法和注意事项。

收银业务管理

学习目标

通过本任务的学习,你可以达成以下目标:

- 熟悉收银人员的概念
- 明确收银人员的任职要求
- 明确收银人员的职业素质
- 明确收银人员的职业守则
- 明确收银人员的岗位职责

 活动 1.3.1 明确收银人员任职要求

 活动准备

邀请商场或超市经理或人力资源专家到学校做专题讲座。

 活动内容

1. 收银人员的概念

关于收银人员的概念,有狭义与广义之分。从狭义上讲,收银人员即收银员,又称收款员,是指在商业零售企业从事面向顾客收取现金(含现钞、支票、各种金融支付卡等)进行商品销售结算的工作人员。从广义上讲,收银人员还包括收银领班、收银主管,以及收银监察主管、收银监察员等所有从事与收银业务有关工作的人员。

2. 收银员的任职要求

(1) 熟悉收银业务操作流程。

(2) 熟练掌握各种收银设备的操作技能。

(3) 了解企业有关的各项规章制度。

(4) 具有较好的服务、服从和协作意识。

(5) 具备一定的商品销售技巧。

(6) 具备基本的计算机知识和相关的财务知识。

（7）具有识别假钞和鉴别支票、信用卡真伪的能力。

3. 收银领班的任职要求

（1）具有两年以上收银工作经验。

（2）具备一定的计算机知识和相关财务知识。

（3）熟悉收银业务操作流程。

（4）掌握各种收银业务操作技能。

（5）具有较好的服务、服从和协作意识。

（6）熟悉企业有关的各项规章制度，并能够贯彻落实。

（7）具备一定的分析能力和较强的执行能力。

（8）具备一定的人员管理能力，能够指导本班（组）收银员的日常工作。

4. 收银主管的任职要求

（1）具有三年以上收银工作经验。

（2）掌握与收银业务相关的财务知识。

（3）熟悉计算机知识并能够操作计算机。

（4）能够熟练使用常用办公软件。

（5）熟悉收银及相关岗位的业务运作。

（6）熟悉并掌握企业有关的各项规章制度。

（7）具备较强的协调、组织能力和业务分析能力。

（8）能够独立处理收银岗位的日常事务和工作中的突发事件。

5. 收银监察主管的任职要求

（1）具有三年以上收银监察工作经验。

（2）具备与收银业务相关的计算机和财务知识。

（3）熟悉收银机的操作方法及收银业务操作程序。

（4）了解企业的安全设施设备，并掌握相关的安全知识。

（5）具有良好的服务意识和较强的安全防盗意识。

（6）熟悉《中华人民共和国会计法》《中华人民共和国消费者权益保护法》等与收银和商业有关的法律知识。

（7）掌握本企业收银监督检查办法、商品销售退换货管理规定及相关的业务流程。

（8）熟悉卖场商品布局和收银业务的各项规章制度。

（9）具有识别假钞、鉴别支票及信用卡真伪的能力。

（10）有较强的组织、协调和控制能力。

（11）熟练操作计算机及其相关软件。

（12）掌握本企业的相关管理制度。

6. 收银监察员的任职要求

（1）具有一年以上收银工作经验。

（2）具备与收银业务相关的计算机和财务知识。

（3）具有良好的服务意识和团结协作意识。

（4）熟悉《中华人民共和国会计法》《中华人民共和国消费者权益保护法》等与收银和商业

有关的法律知识。

(5) 掌握本企业收银监督检查办法、商品销售退换货管理规定及相关的业务流程。

(6) 熟悉收银业务的各项规章制度和操作流程。

(7) 熟练操作计算机及其相关软件。

(8) 具有识别假钞、鉴别支票及信用卡真伪的能力。

(9) 具有一定的独立处理问题的能力。

(10) 掌握本企业的相关管理制度。

 活动训练

利用业余时间,到附近的商场、超市等商品零售企业,实地采访相关收银人员,进一步了解各类收银人员的任职要求,并做好记录。

 活动 1.3.2 知悉收银人员岗位职责

 活动准备

上网收集有关收银人员职业素质与职业守则的实例或小故事,以及两三家商品零售企业收银人员岗位培训手册或继续教育方案。

 活动内容

1. 收银人员的职业素质

(1) 思想政治素质。由于收银员从事的是经济工作,如果不具备良好的思想政治素质,就很容易在金钱面前放松警惕,甚至会监守自盗,贪污、挪用公款,走上违法犯罪的道路。

(2) 职业道德素质。收银员每天工作在商场、超市的营业区域,既要负责营业资金的收取及相关工作,又要热情地为广大顾客服务。因此,工作的特殊性要求他们必须具备良好的职业道德素质。

(3) 专业理论知识。扎实的专业理论知识是收银员干好本职工作的基础,不仅能更好地为自己所从事的专业服务,而且能够增强适应工作环境的能力。

(4) 专业技能素质。收银员作为从事收银工作的专业人才,能否熟练掌握专业技能,直接关系到其工作能力、服务水平和工作效率。

(5) 身心素质。收银员的工作繁忙、时间性强,工作环境客流量大,没有良好的身体素质是不行的。另外,收银员每天要面对不同的顾客,经常会遭到顾客抱怨,工作中还经常会遇到一些挫折。因此,没有良好的心理素质也是不行的。

2. 收银人员的职业守则

收银人员职业守则是所有收银人员共同遵守的职业规则。根据收银人员的职业特点和工作要求,可以将收银人员的职业守则概括为 16 个字:遵纪守法,爱岗敬业,热情服务,礼貌待客。

(1) 遵纪守法。遵纪守法就是要求收银人员自觉遵守企业的工作纪律、规章制度和国家的相关法律法规。收银人员担负着资金收取与管理的经济工作,时刻都会受到金钱的诱惑和考验,但是对此产生任何思想或行动上的歧念都是不可以的,保护企业货币资金的安全与完整是收银人员的神圣职责。

(2) 爱岗敬业。爱岗敬业就是要求收银人员充分认识本职工作在企业中的地位和作用,珍惜自己的工作岗位,热爱本职工作;有热诚的工作情感,做到干一行爱一行,一丝不苟,兢兢业业,尽自己的责任和义务做好本职工作。收银工作也是商品流通企业财务工作的基本环节,事关企业的经济利益,责任重大,如果工作态度不认真,就有可能出现差错,就会给企业造成无法弥补的经济损失。

(3) 热情服务。热情服务就是要求收银人员自觉增强服务意识,热情地为广大顾客服务。收银人员服务态度的好坏和服务水平的高低,直接影响到企业在顾客心目中的形象。

(4) 礼貌待客。礼貌待客就是要求收银人员在接待顾客时讲究礼仪,注意礼貌,包括自己的仪容仪表、言谈举止等。收银台属于企业的窗口岗位,因此收银员一定要注意自己的仪容仪表和言谈举止,工作中着装要干净整洁,语言要亲切自然,举止要落落大方;收款时要唱收唱付,说话时要用礼貌用语,"您好"挂在嘴边,微笑写在脸上。

3. 收银员的岗位职责

收银员岗位
职责范本

(1) 在收银领班的直接领导下,严格遵守企业的各项规章制度,热爱本职工作,服从部门主管的工作安排。

(2) 严格执行工作班次安排,每天早上按时参加由领班召开的晨会,做好重要事项的记录,搞好区域卫生的清洁及营业前的各项准备工作。

(3) 严格按照企业规定和操作规范进行收款操作,正确受理现金、储值卡、银行卡、会员卡、优惠券等业务,按规定打印销售发票,快捷有效地为顾客提供结算服务。

(4) 认真执行企业财务纪律,不携带现金及私人物品上收银台;严格审核企业储值卡、优惠券的销售权限及退货、退款的批准手续,并按规定程序办理。

(5) 工作时站立服务,主动热情,礼貌待客;收款作业中要做到唱收唱付;接待和送别顾客时要使用文明礼貌用语;超市收银员要主动为顾客提供装袋服务。

(6) 收款认真仔细,操作准确无误。一旦操作失误必须及时写出操作说明,报收银科(部)批准后通知信息中心改正。

(7) 熟悉卖场的经营布局及柜组设备情况,了解企业的各种运营作业及促销活动,耐心解答顾客的问题咨询。

(8) 负责收银设备的日常维护、清洁与保养,保持收银台作业区卫生整洁,保管好收银台内的所有办公用品。如出现问题,承担相应的责任。

(9) 安全、快速、准确收回货款,并合理使用零用金,以节省费用开支;做好"孤儿商品"①的归放与统计;协助店内搞好商品盘点工作。

---

① "孤儿商品"是指在超市里面,顾客随手丢放于其他货架的商品。

（10）增强防盗防骗意识，加强对假钞、假票据的鉴别；做好日常防火、防盗工作，切实维护企业的经济利益。

4. 收银领班的岗位职责

（1）在收银主管的直接领导下，全面负责分管营业层面的收银工作，带头遵守企业的有关规章制度，监督收银员保质保量地做好收银业务，并完成主管部门交办的各项工作任务。

（2）认真履行领班的工作职责，积极配合主管部门搞好本营业层面的现场管理工作；及时传达企业的各项规章制度，确保企业的各项规章制度在本班（组）得到贯彻落实；在工作中起模范带头作用。

（3）主持召开本班（组）成员晨会，负责收银员签到、签退工作，认真做好收银员的病、事假备查记录及一周工作情况的汇总工作，合理安排收银员的就餐时间，做到相邻收银台不同时出现空台现象。

（4）组织本班（组）的收银员开展优质服务，增强服务顾客的意识，使用文明礼貌用语；认真倾听每个收银员的心声，发现问题及时上报收银主管，积极为本部门工作提供合理化建议。

（5）落实收银主管制订的收银工作计划，对收银员的收款操作进行现场指导，对收银作业中出现的差错进行认真分析，及时总结经验教训，不断提高收银员的岗位操作技能。

（6）根据工作需要合理调配本班（组）成员，负责班（组）内收银员的考核及培训工作，带领本班（组）员工认真完成收款任务，保证所收资金准确无误。

（7）负责收银机、条码扫描器、消磁器等收银设备的日常维护；负责各收银台所需的办公用品、发票的领取和发放，以及各收银台零币的兑换工作。

（8）监督检查收银员收款作业的操作规程，保证日常收银工作的正常进行。

5. 收银主管的岗位职责

（1）对分管经理负责，在其指导下全面开展收银工作。

（2）切实保证企业的各项规章制度在收银区域内得到贯彻落实。

（3）制订收银工作计划，并具体落实，及时总结。

（4）主持收银区域例会、领班例会。

（5）审阅收银区域工作的各种报告、单据、文稿等。

（6）负责对收银员进行管理和培训，并指导收银领班的日常工作。

6. 收银监察主管的岗位职责

（1）对法律监察室主任负责，认真完成主任交给的各项工作任务。

（2）制订详细的工作计划，指导、督促收银监察员的日常工作。

（3）对收银监察工作中出现的问题进行总结分析。若发现重大问题应及时处理或上报。

（4）对收银监察员处理收银员的失误、违规等情况应及时跟踪了解。

（5）对收银员的工作失误、操作违规等情况进行总结分析，并通报有关部门。

（6）定期检查分管收银监察员的例会与工作情况。

（7）协助人事部门对收银监察员进行法律知识、收银监察知识、企业相关规定及相关业务流程的培训与考核。

（8）为新参加工作的收银监察员指定培养人，并按时为其做转正鉴定。

（9）加强与企业分店、其他职能部门及企业驻店人员的沟通，以促进收银监察工作的顺利进行。

7. 收银监察员的岗位职责

（1）对收银监察主管负责,并贯彻执行企业的各项收银监督检查制度。

（2）对收银员的业务操作采取现场巡视、仪器监控等方式进行监督检查,有权要求收银员停机接受现场盘点检查。

（3）对收银员执行更正、取消、退货等操作情况进行检查核实,对违反收银监督管理规定的行为进行制止和提出处理意见。

（4）对收银工作中出现的问题进行总结分析。若发现问题应及时向上级汇报,并通知收银主管。

（5）配合监察主管加强与企业分店、其他职能部门及企业驻店人员之间的沟通,以促进收银监察工作的顺利进行。

（6）积极参加企业及部门组织的内部业务培训和考核。

 活动训练

利用业余时间,去商场或超市等零售企业实地采访,了解收银人员的岗位培训及继续教育方案,完成一篇关于收银人员岗位职责的实践报告。

收银基本技能

收银员的主要工作是在商场、超市等商品零售企业的收银台收取营业资金,为顾客提供结算服务。超市收银员还要为顾客进行商品的扫描、消磁、装袋等服务。收银员的每一项服务都是以熟练的收银技能为前提的,这些技能包括点钞、验钞、收银机操作、条码扫描录入、商品消磁与装袋等。

点钞与验钞

学习目标

通过本任务的学习,你可以达成以下目标:
- 明确点钞的基本工序和要求
- 学会手持式单指单张点钞
- 能使用验钞机快速、准确地清点货币
- 熟悉钞票整理要求和捆扎方法
- 熟悉人民币的防伪特征
- 学会鉴别人民币的真伪
- 学会挑剔和兑换残损人民币

 活动 2.1.1 票币整点

 活动准备

在点钞技能实训室里,配备验钞机及点钞练功券、蘸水盒、捆扎条、甘油、万次章、点钞练功券挡板等点钞相关物品,如图 2-1 所示。

图 2-1　点钞技能实训室的物品摆放

活动内容

1. 点钞的基本工序

点钞主要有拆把、点数、扎把和盖章四道工序。

(1) 拆把。拆把就是将待点的钞票按不同点钞方法的要求拿在手中,然后脱去扎钞纸条或将纸条勾断,为点数做好准备。

(2) 点数。点数即左手持钞,右手点钞,眼睛紧盯捻动的钞票,同时脑中计数。手、眼、脑三位一体,协调配合,将钞票清点准确。

(3) 扎把。扎把即将整点准确的 100 张钞票蹾齐,用纸条捆扎牢固。

(4) 盖章。盖章即在捆扎钞票的纸条上加盖点钞人员的名章,以明确责任。

2. 点钞的基本要求

点钞是一门技术性很强的工作,因此点钞时必须做到以下几项基本要求:

(1) 站姿端正。点钞时站姿要端正。正确的站姿能使人动作协调,有利于提高点钞速度和质量;不正确的站姿则会使人动作生硬,从而影响点钞速度。正确的站姿是:挺胸坐直,两脚平踏地面,全身自然放松,双手协调配合。

(2) 放置适当。点钞时应将钞票放在适当的位置,按不同券别和残好程度分类放好,这样既便于点钞时顺手,又可以避免因忙乱而拿错,从而提高工作效率和工作质量。

(3) 扇面均匀。点钞时不论采取哪一种点钞方法,都需要把钞票开成一个扇面或微扇形,使钞票有一个坡度,便于清点。扇面均匀,是要求打开的扇面上每张钞票的间隔距离均匀。

(4) 动作连贯。点钞时动作要连贯。这是提高点钞效率和质量的必要条件。动作连贯有两层意思:一是指点钞过程中的拆把、点数、扎把、盖章等环节须衔接紧密,动作协调,环环紧扣。二是指清点时动作要连贯。这就要求点钞时双手动作协调,清点速度均匀,切忌忽快忽慢。

(5) 点数准确。点钞的关键是准确,这也是点钞技术最基本的要求。如果点数不准确,不仅会影响日常工作的质量,而且容易造成差错,使企业财产受到损失。因此,点钞时一定要集中精力,手、眼、脑三位一体,协调配合,才能达到点数准确的效果。

(6) 清理整齐。点完一把钞票后,应将钞票清理整齐,即将券角拉平,将钞票蹾齐,然后进行捆扎。钞票蹾齐应四条边水平,不露头,不能呈梯形错开。

(7) 扎把牢固。清点准确的钞票应捆扎牢固,以不散把、抽不出钞票为准。扎小把时,将第一张钞票轻轻向上方提拉,以抽不出钞票为标准。扎大捆(10 把)时,以"井"字形捆扎,做到用力推不变形,抽不出钞票。

(8) 盖章清晰。盖章是点钞过程的最后一个环节,是明确责任的重要标志。因此,印章一定要盖得清晰可见,不能模糊不清。

3. **手持式单指单张点钞法**

手持式单指单张点钞法,是最基本、最常用的点钞方法。它的适用范围比较广,可用于收付款的初点、复点,以及各种新、旧、大、小面额钞票的整点。采用这种方法,由于是逐张捻动,易于识别真假币,便于挑剔残损钞票,最适合收银员收款时使用。基本工序可分为以下几个环节:

手持式单指单张点钞法

（1）拆把。将钞票左端夹在中指和无名指之间，且尽量靠近手指根部；无名指和小指在钞票正面，食指和中指在钞票背面，四指自然弯曲；拇指在钞票上面，左手腕向内弯扣，同时食指向前伸，将捆扎条勾断（见图 2-2）。

（2）持钞。拆把后，左手中指和无名指夹紧钞票左端，拇指按住钞票内侧将钞票向外翻推，折出一个微开的扇面形状，食指伸直托住钞票背面，使钞票自然直立，与桌面基本垂直（见图 2-3）。同时，右手拇指、食指、中指蘸水做点钞准备。

图 2-2　拆把

图 2-3　持钞

（3）清点。左手持钞打开扇面后，右手的食指和中指托住钞票右上角，拇指指尖将钞票自右上角向下方逐张捻动；捻动时幅度要小、要轻，无名指同时配合拇指将捻动的钞票向下弹拨，拇指捻动一张，无名指弹拨一张。左手的拇指要随着点钞的进度逐步向后移动，食指向前推移钞票，以便加快钞票下落的速度。

清点过程可分为初点和复点，初点时发现残损钞票不直接抽出，以免带出其他钞票。最好的办法是随手向外折叠，使钞票伸出外面一截，待点完整把钞票后，再抽出残票，补上好票。若发现可疑券还应进行真伪鉴别。

（4）记数。记数要与清点同时进行，可选择在拇指捻动时记数，也可选择在无名指弹拨时记数。采用单数分组记数法记数：把 10 作 1 记，即 1，2，3，4，5，6，7，8，9，1（10）；1，2，3，4，5，6，7，8，9，2（20）……以此类推，数到 1，2，3，4，5，6，7，8，9，10（100）时，即点完了整 100 张，为一把。采用这种记数法记数的优点，是将十位数的两个数字变成一个数字，既简单快捷，又省力好记。但在记数时要默记，手、眼、脑密切配合，这样才能既快又准。

（5）扎把。扎把前，先将整点准确的 100 张钞票在桌面上蹾齐，使其四条边整齐光滑；然后左手持钞，右手取纸条将钞票捆扎牢固。扎把方法可依据自己的习惯，采用拧扎法或缠绕捆扎法。

（6）盖章。钞票扎把后，要在钞票侧面的纸条上盖上点钞人员的名章，以明确责任。盖章要清晰可见，不能模糊不清。

4. 机器点钞

机器点钞，就是用点钞机代替部分手工操作的点钞方式。点钞机的速度较快，一般是手工点钞的 2～3 倍，所以能够有效减轻收银人员的劳动量，提高工作效率。但是，点钞机存在一定的局限性，因此机器点钞一般多用于收现金较多、较频繁的单位，以及清点整理大票或钞票的复点。

（1）点钞准备。

① 将点钞机放在适当的位置,接通电源,打开机器电源开关,观察机器运转及荧光数码显示是否正常。

② 拿一把钞票对点钞机进行调整和试验,观察点钞机转速是否均匀,点数是否准确,运行是否流畅,落钞是否整齐。试机一般要求达到不松、不紧、不咬、不塞。

③ 将待点的钞票和捆扎条摆放在适当的位置;钞票分类排列整齐,按大面额钞票在前、小面额钞票在后的顺序排列。

(2) 操作工序。机器点钞同手工点钞一样,也分为拆把、点数、扎把和盖章四道工序。

① 拆把。右手取过钞票,握住钞票的右端,拇指在前,其余四指在钞票背面;掌心向下用力,将钞票捏成瓦形,右手拇指弯曲,顺势将捆扎条勾断。

② 点数。右手横握钞票,将钞票捻成前低后高的的坡形,然后横放在点钞机的滑钞板上,并使钞票顺着滑钞板形成自然斜度。钞票进入机器后,目光应紧盯传动的钞票,检查是否有残损票、假钞和其他异物。钞票全部下到接钞板(接钞台)后,要看清计数器显示数字是否为"100",或是与此把捆扎条上所标数字相符的张数。无误后,左手将钞票取出,右手立即放入第二把钞票。

③ 扎把。将清点准确的钞票蹾齐,右手取过捆扎条进行扎把,同时眼睛紧盯着机器上传动的钞票。将扎好把的钞票放在点钞机的左侧。

④ 盖章。待所有钞票清点、捆扎完毕,应在钞票侧面的纸条上盖上点钞人员名章,以明确责任。

点钞机的
使用

(3) 点钞机的使用方法。点钞机有许多种类型(数码防伪智能点钞机见图 2-4),但不管哪种类型的点钞机,其功能大同小异,主要功能就是点钞和防伪。点钞机点钞通常有以下几种清点方式:

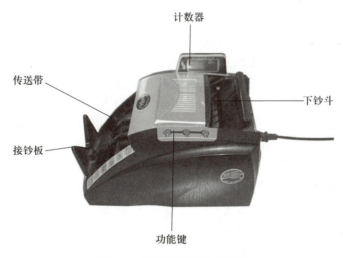

图 2-4　数码防伪智能点钞机

① 全数清点方式。关闭所有检测功能键,在自动启动的状态下可以进行全数清点。把钞票横放于滑钞板上,机器会自动启动、运行,直至滑钞板上钞票走空,清点数目显示在计数显示窗

上。如果要继续清点,则取走接钞板上的钞票,并把另一把钞票放在滑钞板上,计数窗数值自动回"0",机器重新启动并点钞。如果不取走接钞板上的钞票,而在滑钞板上加放钞票,机器将自行启动,且将新点的张数累加于原计数值之上。

②累加清点方式。按累加键,指示灯亮,表示机器处于累加点钞方式。清点完第一把钞票后,如果要继续清点,不管接钞板上的钞票是否取走,只要把钞票放于滑钞板上,机器便会自行启动点钞,而且将新点的钞票张数累加于原数值之上。以此类推,直至数值显示到"9 999"张后,即回到"0"重新计数。

③定量清点方式。通过按预置键、加数或减数键,可在"1~999"范围内选取预定数值,选定后机器即自动选择了定量清点方式。把钞票放于滑钞板上,机器便会自行启动点钞,当点钞计数到预定数值时,机器会自动停止。如果要重复定量清点,只要拿走接钞板上已经点过的钞票,机器会自动重复上述过程。若不拿走接钞板上的钞票,只要按启动键,机器也会启动点钞,重复定量清点,计数窗将显示所累计的数值。未达到预定数值时,应重新往滑钞板上放入钞票,机器会自行启动,连续计数,并在达到预定数值时停止。

(4)防伪清点方式。防伪清点方式包括荧光、磁性、安全线、光谱,以及连张、半张、夹张等识别功能,可按需要选择相应的功能键进行识别。使用紫光防伪检测,开机后待紫光管预热 3 分钟,才能达到最佳检测效果;使用磁性防伪检测,按磁性键,指示灯亮即打开磁性防伪功能;连张、半张、夹张识别,是对长度小于 70 毫米、宽度大于 1/3 的纸币进行检测。

点钞过程中,当遇到可疑钞票时,机器会立即停机,发出警报声,并在预置窗闪动显示相应的检测信息代号,可疑币停留在接钞板表面第一张。机器停机约 5 秒后,自行启动继续运行,或按启动键随时让机器启动继续点钞。

捆扎钞票以 100 张为一把,经清点无误后用纸条在钞票中间捆扎牢固,不足百张的则用纸条在钞票的三分之一处进行捆扎,并将钞票的张数、金额写在扎钞纸条的正面。

钞票捆扎完毕,应在捆扎条的侧面加盖点钞人员的名章,以明确责任。每 10 把钞票必须用专用细绳以"井"字形捆扎为一捆,在顶端贴上封签,并加盖经手人名章。

钞票捆扎主要是扎把。扎把最常用的方法是缠绕捆扎法,其做法是:将整点准确的钞票蹾齐后横执,正面朝点钞员,左手拇指在内,其余四指在外握住钞票左端,五指配合向身体方向用力,使钞票向内弯曲,弯度不要过大。左手食指将钞票上侧分开一条缝,右手持纸条一端插入钞票上侧缝中(或不将钞票开缝,直接将纸条一端贴在钞票背面,用左手食指、中指将纸条压住),如图 2-5 所示。然后,右手拇指、食指和中指捏住纸条,由正面向下向外缠绕(一般绕 2 圈),如图 2-6 所示。绕至钞票上端时,右手腕向右侧翻转,使纸条形成折角,如图 2-7 所示。用食指插入原纸条下面,并用拇指将折角压平,以防纸条松脱,如图 2-8 所示。

5. 钞票的整理与捆扎

(1)钞票的整理。钞票的整理包括两个方面:

一是在清点钞票之前,先按券别(如 100 元、50 元、20 元、10 元等)将钞票分类平摊摆放在桌面上,同时挑剔出残损票,断裂的要用纸条粘好;然后按完整票和残损票分类进行清点。若发现可疑钞票,还应对其进行真伪鉴别。

二是清点完一把钞票后,要进行捆扎前的整理,将券角拉平,将钞票蹾齐,然后以捆扎条捆扎牢固。

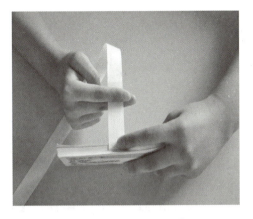

图 2-5　夹条式缠绕法①

图 2-6　夹条式缠绕法②

图 2-7　夹条式缠绕法③

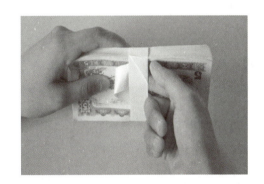

图 2-8　夹条式缠绕法④

(2) 钞票的捆扎。

 活动训练

(1) 用手持式单指单张指法逐张清点钞票并捆扎、盖章、记录成绩,每次用时 5 分钟。

(2) 分别用点钞机的不同清点方式清点钞票。可采用小组竞赛的形式,每次用时 5 分钟。

票币整点
训练

 活动 2.1.2　识别票币

活动准备

(1) 收集不同版面和面值的伪造和变造的人民币。

(2) 准备一定数量的不同版面和面额的人民币,如 1999 年版和 2005 年版 5 元、10 元、20 元、

50 元、100 元面额,以及 2015 年版 100 元面额人民币。

（3）配置鉴别人民币的专用设备,如放大镜、紫外灯、磁性检测仪、验钞机等。

 活动内容

1. 假币的种类

假币又称假钞或伪钞,是指利用各种犯罪工具仿照真币的形象,采用印刷、复印、拓印、影印、描绘,以及挖补、剪切、拼凑等方式加工制作的票币。假币可分为伪造假币和变造假币两种。

（1）伪造假币。伪造假币是指仿照真币的图案、形状、色彩等,采用各种制假手段制作的假币。伪造假币主要有机制胶印假币、誊印假币、复印假币、拓印假币、照相假币、描绘假币、复印制版技术合成假币等。从目前我国发现的假币来看,主要是伪造假币,而且以 100 元、50 元的大额券为主。但随着人们对大面额票币的警惕性提高,犯罪分子开始转向制作 20 元、10 元、5 元等小面额假币。

（2）变造假币。变造假币是指将人民币采用挖补、剪贴、拼凑、制皮、揭面、涂改等手段,以少变多,以小变大制成的变形票币。

2. 假币的特征

（1）伪造假币的特征。

① 伪造假币的水印大部分是在纸张夹层中涂白色浆料,层次较差,图像模糊;有的则是在纸张表面描绘成水印图案,冒充水印。

② 伪造假币纸张在紫外光源下,多数有强烈的荧光反应。

③ 伪造假币的正面、背面均采用全胶印(四色网点)方式印刷,大多墨色深浅不一,有的版面颜色偏深,有的偏淡,有的版面偏向于一种颜色,而且凹印图文平滑,无浮雕感。

④ 伪造假币的制作纸张,一般使用普通纸张,与印钞纸相比手感比较平滑、绵软,厚薄也不均匀,票面无凹凸感。

⑤ 伪造假币的安全线是在纸张夹层中放置的,纸与线有分离感。有的假币还在正反两面各印刷一个条状图案,仔细观察便能看出破绽。

（2）变造假币的特征。变造假币多是在真币的基础上,经过人为挖补、剪贴、拼凑、制皮、揭面、涂改等手段加工变形制成的,人为痕迹比较明显,比伪造假币易于辨认。其中,拼凑币就是经过人为分离破坏后,再进行拼凑而成的,以达到以少变多的目的;揭面币则是经过人为地揭去一面后,用其他纸张进行粘贴而成的,从而达到以少变多的目的。

3. 人民币防伪特征

人民币防伪特征

目前流通的主要是第五套人民币。到目前为止,第五套人民币已发行了三版,分别是 1999 年版、2005 年版和 2015 年版。这里主要介绍这三版的 100 元、50 元面额人民币的防伪特征。

（1）1999 年版人民币防伪特征。1999 年版的 100 元、50 元券人民币防伪特征如图 2-9 所示。

（2）2005 年版人民币防伪特征。2005 年版的 100 元、50 元券人民币(见图 2-10 和图 2-11),与 1999 年版的 100 元、50 元券人民币相比,其防伪特征做了如下调整:

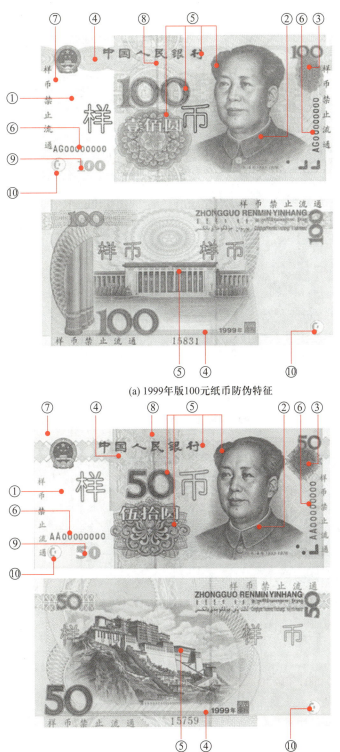

(a) 1999年版100元纸币防伪特征

(b) 1999年版50元纸币防伪特征

图 2-9　1999 年版 100 元和 50 元纸币防伪特征

① 固定人像水印　均位于票面正面左侧空白处，迎光透视，可以看到立体感很强的水印。100元、50元纸币的固定水印均为毛泽东头像图案。

② 手工雕刻头像　正面主景均为毛泽东头像，采用手工雕刻凹版印刷工艺，形象逼真、传神，凹凸感强，易于识别。

③ 隐形面额数字　正面右上方均有一装饰图案。将票面置于与眼睛接近平行的位置，面对光源作平面旋转45°或90°，分别可看到面额数字"100"和"50"字样。

④ 胶印缩微文字　正面胶印图案中、背面下缘多处均印有缩微文字。100元的缩微文字为"RMB"和"RMB100"；50元的为"50""RMB50"及"人民币"字样。

⑤ 雕刻凹版印刷　正面主景毛泽东头像、"中国人民银行"行名、面额数字、团型花卉、盲文面额标记和背面主景图案等均采用雕刻凹版印刷工艺，用手指触摸有明显凹凸感。

⑥ 横竖双号码　100元券横号码为黑色，竖号码为蓝色；50元券横号码为黑色，竖号码为红色。

⑦ 红、蓝彩色纤维　在票面正背面均可以看到纸张中有不规则分布的红色和蓝色纤维。

⑧ 安全线　在票面正面中间偏左，均有一条安全线。100元、50元纸币的安全线，迎光透视，分别可以看到缩微文字"RMB100""RMB50"。

⑨ 光变油墨面额数字　100元券、50元券票面正面左下方分别印有"100""50"面额数字。倾斜一定角度时，"100"元券为蓝色和绿色，"50"元券为绿色和金色。

⑩ 阴阳互补对印图案　100元券、50元券票面正面左下角和背面右下角均有一圆形局部图案，迎光透视，均可以看到正、背面图案合并组成一个完整的古钱币图案。

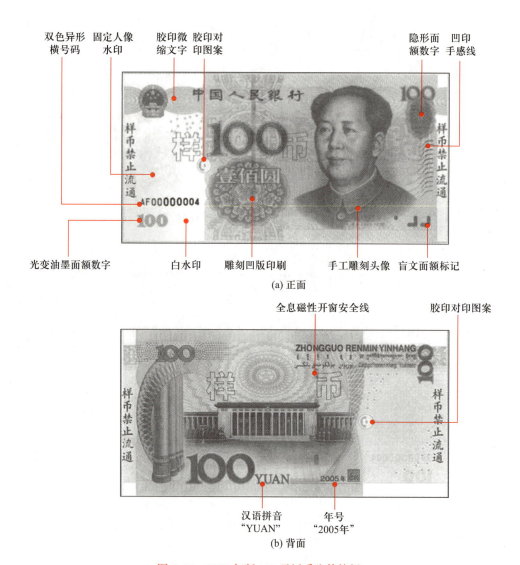

图 2-10 2005 年版 100 元纸币防伪特征

双色异形　固定人像　胶印微　胶印对　　　　隐形　　凹印
横号码　　水印　　　缩文字　印图案　　　面额数字　手感线

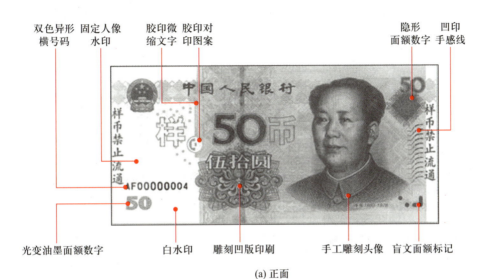

光变油墨面额数字　　白水印　雕刻凹版印刷　　手工雕刻头像　盲文面额标记

(a) 正面

全息磁性开窗安全线　　　　胶印对印图案

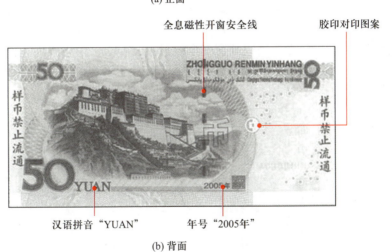

汉语拼音"YUAN"　　　年号"2005年"

(b) 背面

图 2-11　2005 年版 50 元纸币防伪特征

① 调整了防伪特征布局。正面左下角胶印对印图案调整到正面主景图案左侧中间处;光变油墨面额数字左移至原胶印对印图案处;背面右下角胶印对印图案调整到背面主景图案右侧中间处。

② 调整了以下防伪特征。

• 隐形面额数字。调整了隐形面额数字的观察角度。正面右上方有一装饰性图案,将票面置于与眼睛接近平行的位置,面对光源做上下倾斜晃动,可以看到面额数字"100"或"50"字样。

• 全息磁性开窗安全线。将原磁性缩微文字安全线改为全息磁性开窗安全线。背面中间偏右,有一条开窗安全线,开窗部分可以看到由缩微字符"¥100"或"¥50"组成的全息图案,仪器检测有磁性。

• 双色异形横号码。将原横竖双号码改为双色异形横号码。正面左下角印有双色异形横号码,其冠字和前两位数字为暗红色,后六位数字为黑色。字符由中间向左右两边逐渐变小。

③ 增加了以下防伪特征。

• 白水印。位于正面双色异形横号码下方,迎光透视,可以看到透光性很强的水印"100"或"50"字样。

• 凹印手感线。正面主景图案右侧,有一组自上而下规则排列的线纹,采用雕刻凹版印刷工艺印制,用手指触摸,有极强的凹凸感。

④ 取消了纸张中的红蓝彩色纤维。

⑤ 背面主景图案下方的面额数字后面,增加了人民币单位元的汉语拼音"YUAN";年号改为"2005"年。

(3) 2015 年版 100 元券人民币防伪特征。2015 年版第五套人民币 100 元纸币于 2015 年 11 月 12 日发行,其应用的防伪技术更为先进。

防伪特征 1

① 光变镂空开窗安全线(见图 2-12)。位于票面正面右侧。当观察角度由直视变为斜视时,安全线颜色由品红色变为绿色;透光观察时,可见安全线中正反交替排列的镂空文字"¥100"。光变镂空开窗安全线对光源要求不高,颜色变化明显,同时集成镂空文字特征,有利于识别。

由品红色变为绿色

图 2-12 光变镂空开窗安全线

防伪特征 2

② 光彩光变数字(见图 2-13)。在票面正面中部印有光彩光变数字。垂直观察票面,数字"100"以金色为主;平视观察,数字"100"以绿色为主。随着观察角度的改变,数字"100"颜色在金色与绿色之间交替变化,并可见到一条亮光带在数字

在金色与绿色之间交替变化

图 2-13　光彩光变数字

上下滚动。

③ 人像水印（见图 2-14）。位于票面正面左侧空白处。透光观察,可见毛泽东头像。

防伪特征 3

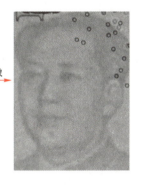

透光后可见毛泽东头像

图 2-14　人像水印

④ 胶印对印图案（见图 2-15）。票面正面左下方和背面右下方均有面额数字"100"的局部图案。透光观察,正、背面图案组合成了一个完整的面额数字"100"。

防伪特征 4

透光后可见完整面额数字

图 2-15　胶印对印图案

⑤ 横竖双号码（见图 2-16）。票面正面左下方采用横号码,其冠字和前两位数字为暗红色,后六位数字为黑色;右侧竖号为蓝色。

防伪特征 5

图 2-16 横竖双号码

⑥ 白水印(见图 2-17)。位于票面正面横号码下方。透光观察,可以看到透光性很强的水印面额数字"100"。

透光后可见白水印数字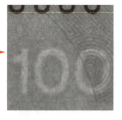

图 2-17 白水印

⑦ 雕刻凹版印刷(见图 2-18)。票面正面毛泽东头像、国徽、中国人民银行行名、右上角面额数字、盲文及背面人民大会堂等均采用雕刻凹版印刷,用手指触摸有明显的凹凸感。

4. 验钞的主要方法

验钞的主要方法分为人工鉴别法和机器检测法,收银工作中通常以人工鉴别为主,机器检测为辅。

假币当中伪造假币最多,识别伪造假人民币最常用的方法就是:一看、二摸、三听、四比、五测。

(1) 看。就是采用看水印、看安全线、看光变油墨、看颜色和阴阳互补图案、看缩微文字、看隐形面额数字的鉴别方法。

① 看水印。水印是最安全、最可靠的防伪特征之一。第五套人民币的固定水印位于各券别纸币票面正面左侧的空白处,迎光透视,可以看到立体感很强的水印。100 元、50 元纸币的固定水印为毛泽东头像图案。20 元、10 元、5 元纸币的固定水印为花卉图案。真水印的特点是层次分明、立体感强、透光观察清晰;而假币则水印模糊、无立体感、变形较大,由浅色油墨加印在纸张正、背面,不需要透视就能看到。伪造钞票的水印一般都是仿制的假水印。

② 看安全线。安全线也是防伪特征之一。真人民币的安全线嵌于纸张内部,纸与线融为一

毛泽东头像

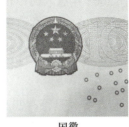
国徽

中国人民银行行名

右上角面额数字

盲文

人民大会堂

图 2-18　雕刻凹版印刷

体,迎光透视清晰可见,层次清楚,立体感强。假币的安全线是在纸张夹层中放置的,纸与线有分离感;还有的假币则在正反两面各印刷一个条状图案,仔细观察便能看出破绽。

第五套人民币 1999 年版 100 元、50 元纸币的安全线,迎光透视,分别可以看到缩微文字"RMB100""RMB50",仪器检测均有磁性;2005 年版的安全线开窗部分可见缩微文字"¥100""¥50";2015 年版的安全线是光变镂空开窗的,颜色可由品红变为绿色,透光观察时,可见正反交替排列的镂空文字"¥100"。20 元纸币,迎光透视,是一条明暗相间的安全线;10 元、5元纸币的安全线为全息磁性开窗式安全线[①],开窗部分分别可以看到由微缩字符"¥10"或"¥5"组成的全息图案,仪器检测有磁性。

③ 看光变油墨。第五套人民币 1999 年版和 2005 年版 100 元和 50 元券正面左下方的面额数字"100"或"50",均采用光变油墨印刷,将垂直观察的票面倾斜到一定角度时,100 元券的面额数字为蓝色和绿色,50 元券的面额数字为绿色和金色。2015 年版采用光彩光变数字,数字"100"颜色在金色和绿色之间交替变化。

④ 看颜色和阴阳互补图案。

• 真币图案鲜明,花纹纹路精细清楚,颜色精美,光洁度好。

• 真币色彩过渡自然准确,线条呈实线状结构。

• 1999 年版和 2005 年版 100 元券、50 元券和 10 元券人民币,票面正面左下方和背面右下方都印有一个圆形局部图案,迎光透视,两幅图案准确对接,组合成一个完整的古钱币图案。同样地,2015 年版人民币 100 元券正、背面图案也组合成一个完整的面额数字"100"。

⑤ 看缩微文字。第五套人民币纸币各券别正面胶印图案中,多处均印有缩微文字,可用 5 倍以上放大镜观察票面,观看缩微文字是否干净清晰。

---

① "开窗式安全线"即安全线局部埋入纸张中,局部裸露在纸面上。

⑥ 看隐形面额数字。1999 年版和 2005 年版人民币正面右上方有一装饰图案。将票面置于与眼睛平行位置,旋转一定角度或上下晃动,可看面额数字"100"和"50"字样。

(2) 摸。即摸纸币的纸质、人像、盲文点以及中国人民银行行名。

① 抚摸纸币的手感是否有凹凸感,是否厚薄适中、挺括度好。真币纸质韧、挺括,手感厚实;假币纸质较薄,手感绵软。

② 摸人像、盲文点、中国人民银行行名等处是否有凹凸感。

③ 第五套人民币纸币各券别正面主景均为毛泽东头像,采用手工雕刻凹版印刷工艺,形象逼真、传神,凹凸感强,易于识别。

(3) 听。就是听声音,通过抖动钞票使其发出声响,来分辨人民币真伪。人民币的纸张具有挺括、耐折、不易撕裂的特点。手持钞票用力抖动、手指轻弹或两手一张一弛轻轻对称拉动,能听到清脆响亮的声音。

(4) 比。就是进行对比识别。既可以用一张真币和可疑票币进行对比观察,也可以用票样对比观察可疑票币的局部图案和花纹,还可以从纸质、油墨、印刷技术等方面进行对比。

(5) 测。即借助一些简单的工具和专用的仪器来分辨人民币真伪。如借助放大镜可以观察票面线条清晰度,胶印、凹印、缩微文字等;用紫外灯光照射票面,可以观察钞票纸张和油墨的荧光反应;用磁性检测仪可以检测黑色横号码的磁性。

图 2-19   验钞机

收银台通常均配有验钞机(见图 2-19),收银员在对可疑钞票人工识别不能辨别真伪的情况下,可使用验钞机对可疑钞票进行真伪鉴别。

对于变造假币的识别,主要是通过眼睛来仔细鉴别。当发现可疑票币,经鉴定又排除其是伪造假币时,应认真、仔细地识别可疑票币是自然磨损的,还是故意破坏的。因此,鉴别时应注意以下几点:

① 仔细观察票面的断裂处是否是被刀割、手撕等手段有意破坏扯断的。

② 仔细观察票面被割断后的花纹、线条能否照原样连接。

③ 发现有用纸条粘补的地方,应将纸条揭开,仔细观察断裂处是否有短缺;如果是整个票面全部是被纸粘贴的,应将其撕开,看是否有一半的票面全部被揭去。

④ 如果发现可疑票币为两个半张粘在一起的,应仔细看两个半张是否属于同一张钞票。若发现两个半张不属于同一张钞票,则可疑票币属于变造假币。

5. 识别人民币应注意的问题

在鉴别人民币真伪时,常常会遇到一些由于表面图案的损伤或变形而受到怀疑的钞票,但这些钞票并不一定就是假币,因此应仔细加以识别。

(1) 钞票的纸幅、图案大小与票样不同。造成这种情况的原因有三方面:一是纸张厚薄规格不完全一致,纸张所受压力大小不同,致使钞票纸张伸缩程度不同;二是截切方法掌握不一,因而纸四周的花边也宽窄不一;三是钞票在流通中,由于气温湿度的变化和液体浸泡,也会影响纸张的伸缩性。因此,对钞票纸幅或图案大小方面的情况,在鉴别时,把一张钞票纵横折叠起来,与票样进行对照就能够发现问题。

（2）钞票的花纹墨色深浅不同或者墨色发生变化。一般来说,钞票印刷所使用的油墨的化学性质是比较稳定的,具有耐磨、不易变色的特点。但这种稳定性也不是绝对的,在印刷过程中,由于纸张厚薄不同、印刷技术原因或是原材料的差别,都会造成墨色有深有浅。另外,钞票在流通过程中当遇到较强的酸碱物质时,油墨也会起化学变化。气候条件不同或存放不当,同样会引起墨色的变化。这类问题原因较多,情况复杂,因此对这类钞票进行鉴别时一定要认真仔细。

活动训练

（1）观察不同版面、不同面额的第五套人民币票面的颜色,以及水印、安全线、光变油墨数字、缩微文字、隐形面额数字等位置及其图案。

（2）摸第五套人民币的纸质、毛泽东头像、盲文点、中国人民银行行名。

（3）抖动、轻弹和对折人民币,通过声音辨别人民币真伪。

（4）用仪器检测人民币真伪。

（5）用放大镜观察人民币票面线条的清晰度,以及胶印、凹印缩微文字等内容。

（6）用紫外灯照射票面,观察票面纸张和油墨的荧光反应。

（7）用磁性检测仪检测黑色横号码的磁性。

（8）用验钞机鉴别钞票的真伪。

 活动 2.1.3 挑剔与兑换票币

 活动准备

在点钞技能实训室、准备残损点钞纸和残损票币兑换单。其中,残损点钞纸准备三种:①票面残损少于 1/4（见图 2-20）;②票面残损大于 1/4 且小于 1/2（见图 2-21）;③票面残损大于 1/2（见图 2-22）。

图 2-20　票面残损小于 1/4

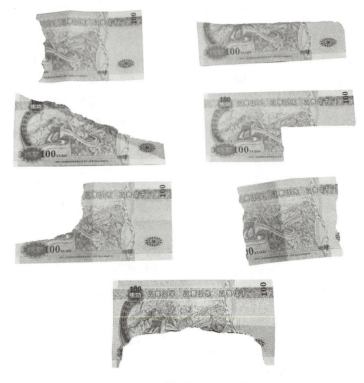

图 2-21 票面残损大于 1/4 且小于 1/2

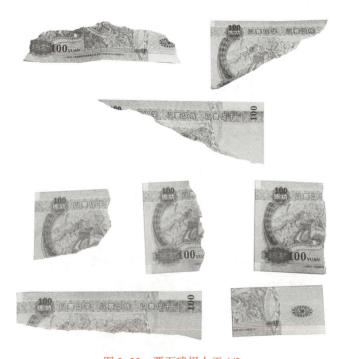

图 2-22 票面残损大于 1/2

 **活动内容**

残损人民币,是指票面撕裂、损缺,或因自然磨损、侵蚀,外观、质地受损,颜色变化,图案不清晰,防伪特征受损,不宜再继续流通使用的人民币。造成残损人民币的原因很多,有的是由于长时间流通、自然磨损造成的,有的是由于水湿、油浸、虫蛀、鼠咬、火烧、霉烂而造成的。

1. 残损人民币的挑剔标准

(1) 票面缺少一块,损及行名、花边、字头、号码、国徽之一者。

(2) 裂口超过票幅三分之一或票面裂口损及花边图案者。

(3) 纸质较旧,四周或中间有裂缝或票面断开又粘补者。

(4) 票面由于油浸、墨渍造成脏污面较大,或涂写字迹过多,妨碍票面整洁者。

(5) 票面变色严重,影响图案清晰者。

(6) 硬币破坏、穿孔、变形或磨损、氧化、腐蚀损坏部分花纹者。

残损人民币
的挑剔

以上挑剔标准只是一般规定,还应根据中国人民银行一定时期内的具体要求,结合实际情况灵活运用、执行。

2. 残损人民币的兑换标准

残缺、污损人民币的兑换分全额和半额两种情况。

(1) 能辨别面额,票面剩余四分之三(含)以上,其图案、文字能按原样连接的残缺、污损人民币,金融机构应向持有人按原面额全额兑换,如图 2-23 所示。

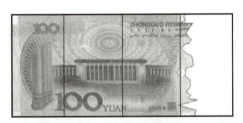

图 2-23　全额兑换

（2）能辨别面额，票面剩余二分之一（含）至四分之三以下，其图案、文字能按原样连接的残缺、污损人民币，金融机构应向持有人按原面额的一半兑换，如图 2-24 所示。纸币呈正十字形缺少四分之一的，应按原面额的一半兑换。

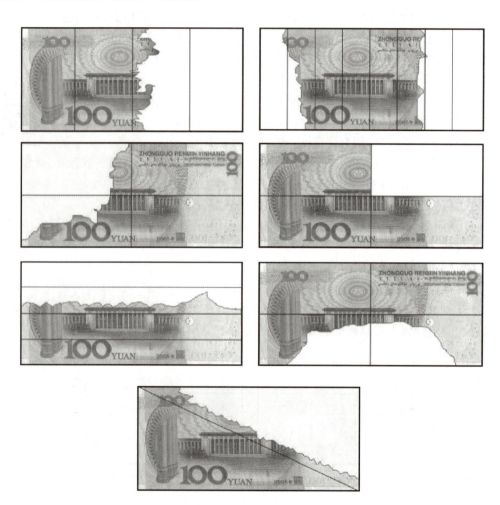

图 2-24　半额兑换

（3）票面剩余部分不足二分之一的不可兑换，如图 2-25 所示。兑付额不足一分的，不予兑换；五分按半额兑换的，只兑付二分。

3. 残损人民币的兑换方法

兑换残损人民币，开户单位可到开户银行的现金专柜去兑换，公众可就近到办理人民币存取业务的金融机构去兑换。兑换时，由持票人填写统一格式的"残损票币兑换单"，经办人员根据残损人民币兑换标准，仔细辨认票币的真伪、券别、张数等，待确定可兑换的金额后，征得持票人的同意，当面在残损票币上加盖"全额"或"半额"戳记，以及两名经办人员名章后，给予兑换。对于不能兑换的票币，原则上不再退还给持票人，如持票人不同意，可加盖"作废"戳记后再退还持票人。

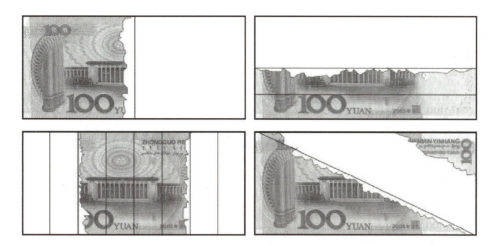

图 2-25　不可兑换

　活动训练

（1）根据残损人民币的挑剔标准,对残损人民币进行挑剔整理。

（2）根据残损人民币的兑换标准,辨认票币的残损程度,确定残损金额,请持票人填写残损票币兑换单,协助兑换残损票币。

任务 2.2　收银机操作

学习目标

通过本任务的学习，你可以达成以下目标：
- 会使用前台收银机的各项操作功能
- 能及时处理并排除收银机的常见故障
- 能正确使用和管理收银设备

 活动 2.2.1　正确使用收银机

 活动准备

在收银技能实训室里，配备收银设备及相关物品：
(1) 配备收银机、扫描器等。
(2) 购物结算需要的现金、银行卡、储值卡等。
(3) 找零需要的 50 元、20 元、10 元、5 元、1 元、5 角、1 角等面额的人民币。
(4) 移动支付时商家的支付宝和微信二维码。
(5) 充足的实训用商品、卷式发票等。

 活动内容

收银机是商场、超市等商品零售企业前台收银工作的主要设备，也是 POS 收银系统的运行载体。商品信息输机、收款结算、打印发票或小票、会员信息管理、商品信息查询、报表查询与打印等都只能在收银机上完成。

由于收银机的功能是由收银软件决定的，因此不同的收银软件其操作程序与系统界面不尽相同。下面以"爱丁·银豹"收银软件为例，介绍收银机的运行和使用方法。

1. 收款结算

在录入顾客所购商品时，系统会自动累计商品数量和累计商品金额。系统默认的收款方式为现金结账。按【回车】键，录入顾客实际所付金额后，找零栏自动显示找零金额，钱箱打开，放入现金、找零并打印出小票或发票（见图 2-26）。

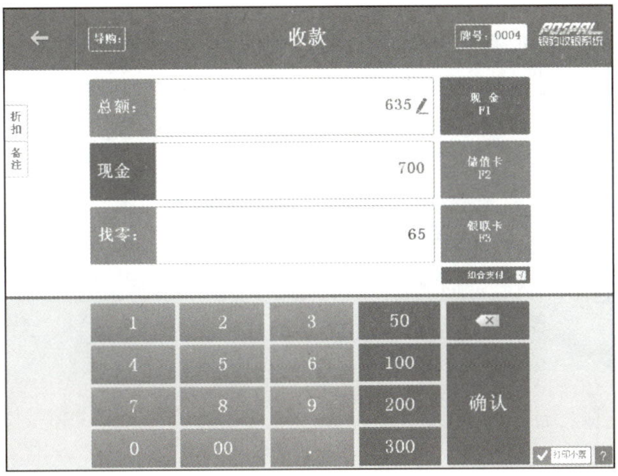

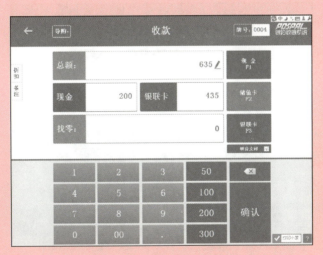

图 2-26 现金"收款"界面

提示:

顾客除使用现金支付货款外,还可以使用银行卡、储值卡、移动支付等支付方式。当顾客使用现金结账时可按【空格】键或 F1 键;当使用银行卡刷卡结账时,则按 F3 键进行收银;当使用储值卡刷卡结账时,则按 F2 键进行收银。顾客也可以选择储值卡和现金、储值卡和银行卡、现金和银行卡等组合结算方式(见图 2-27)。

图 2-27 现金与银行卡组合结算方式的"收款"界面

另外,当收银员扫描顾客选购的商品,并告知顾客应付款金额,而顾客要求选择支付宝或微信付款时,有两种做法:①顾客打开自己手机上支付宝或微信客户端,用"扫一扫"功能扫描收银台上商家出示的支付宝或微信二维码(见图 2-28),输入商品应付金额,并输入支付密码,顾客付款完成,收银员收款成功,打印商品购物小票。②顾客打开自己手机上支付宝或微信客户端上付款条码,收银员用扫描枪扫描顾客出示的支付宝或微信付款条码(见图 2-29),然后按确认键,收款成功,打印商品购物小票。

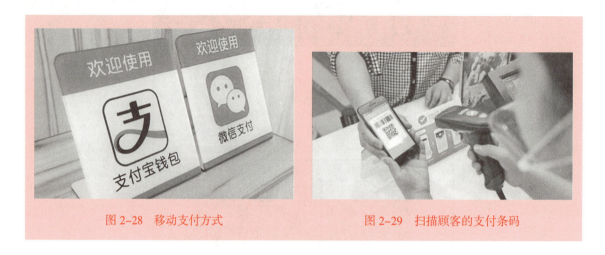

图 2-28　移动支付方式　　　　　　　　图 2-29　扫描顾客的支付条码

2. 挂单与取单

在收款过程中,收银员可能遇到这种情况:录入完某顾客的商品信息,等待顾客付款结账时,该顾客提出再回去买点其他东西,为不耽误下一位顾客的付款结账,收银员可以将此笔交易挂起,这种情况称为"挂单"。

(1) 挂单。需要"挂单"时,只需按【Ctrl+G】键,录入挂单牌号,即可把该顾客已录入部分商品保存起来,进行挂单处理(见图 2-30)。

图 2-30　"挂单"操作界面

(2) 取单。当挂单的顾客再次购物回来结账时,只需按【Ctrl+Q】键,即可将挂单后的销售单据调出来,继续为该顾客进行结算(见图 2-31)。

3. 收银机的快捷键

"爱丁·银豹"收银机有关功能快捷键的使用说明,可以在系统设置界面中,点击【系统快捷键】按钮进行查看修改,也可以按 F1 键弹出快捷键界面(见图 2-32)。

图 2-31 "取单"操作界面

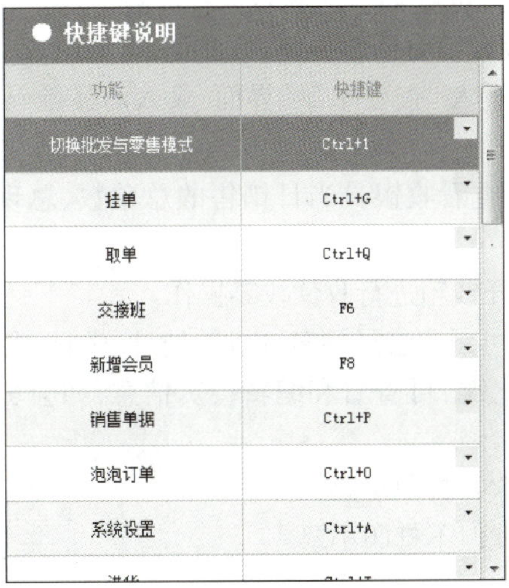

图 2-32 "快捷键说明"界面

Ctrl+1（切换批发与零售模式） 按此键,可在批发和零售模式间进行切换。

Ctrl+G（挂单） 按此键后,录入挂单序号可挂起当前交易,并为顾客打印一张挂单收条。挂单后,可以录入下一笔交易。

Ctrl+Q（取单） 按此键,再点击顾客的挂单序号即可恢复先前暂停的交易,继续为挂单的顾客结账。

Ctrl+P（销售单据） 按此键，可查看销售流水号、销售时间、商品名称、售价、折扣价、销售金额、销售数量等信息。

Ctrl+A（系统设置） 按此键，可显示系统设置信息。

Ctrl+T（退货） 按此键，进入退货界面，录入商品条码，即可进行退货退款。

Ctrl+K（盘点） 按此键，录入商品条码，可查询商品原价、盘前库存、盘后库存、差异库存量。

Ctrl+U（商品编辑） 按此键，可编辑商品条码、名称、分类、进货价、销售价等信息。

Ctrl+D（单品删除） 先将光标移至要删除的商品所在的行，按此键，可删除该商品相关的信息。

Ctrl+Z（整单取消） 当需要删除整张销售单据时，按此键即可放弃该单据所录入的全部商品信息。

Delete（删除单行） 如遇到顾客想放弃刚录入的某种商品时，按住此键后再录入该商品所在的行号即可完成删除。也可以按【↑】【↓】移动光标进行删除。

Ctrl+E（导购员） 按此键，可查询导购员姓名、工号、联系电话等信息。

Ctrl+J（积分兑换） 按此键，可为顾客进行积分兑换商品的操作。

Ctrl+Y（调货） 按此键，进入调货界面，录入准备调货的商品条码或名称，选择调货的门店即可完成调货。

F1（快捷键说明） 按此键，可查询快捷键名称和按键符号。

F4（更改商品信息） 在收银前台销售界面，按此键，可更改商品数量、单价、折扣率等。

F5（查看库存） 按此键，进入"查看库存"界面，录入商品条码，即可查看该商品的库存量和价格。

F6（交接班） 按此键，可查看收银员当日销售的总单数、总现金、总销售额、会员充值等信息，并可进行交接班操作。

F7（弹钱箱） 按此键，打开钱箱进行收款找零操作。

F8（新增会员） 按此键，可录入会员姓名、电话、地址、生日、会员卡号等信息。

F9（查看会员资料） 按此键，可查看和编辑会员信息，如会员卡号、余额、积分等信息。也可为会员进行充值操作。

回车 按此键表示要收款并打印小票。

空格 按此键表示要收款但不打印小票。

4. 查询储值卡

该功能主要用于查询顾客储值卡上的余额。录入卡号和密码后即可查询储值卡上的余额（见图 2-33）。

当储值卡内的余额不足时，还可以为储值卡进行充值。既可以在【前台收银】操作界面的【会员号】处，点击【余额充值】按钮完成充值，也可以在结算时点击【储值卡】按钮，进入【会员信息】界面后，为储值卡充值。充值可以使用现金，也可以使用银联卡。

查询储值卡

5. 收银抹零

收款时，如果要抹掉某笔销售单据小数点后面的零头，可在【收款】界面点击【抹零】按钮进

图 2-33　"会员信息"界面

行抹零操作(见图 2-34),也可以在云端后台通过"修改"功能完成。

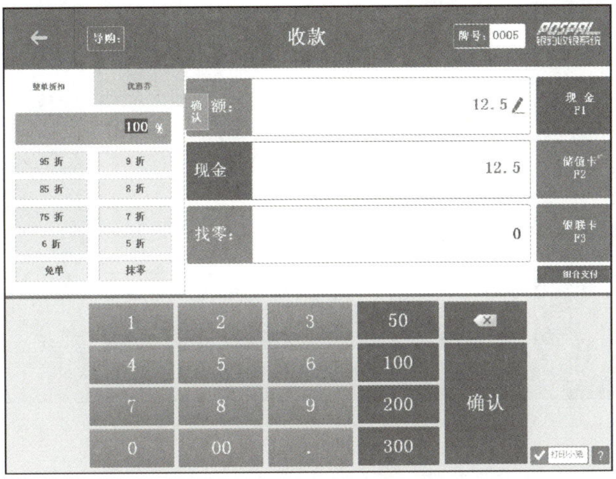

图 2-34　抹零操作界面

提示:

在云后台界面下执行【设置】—【系统设置】命令,直接选择【抹零】选项即可,无须再在前台按抹零操作键进行逐项操作了。

6. 批发销售

当销售数量大于一定数目时,往往会以相对便宜的价格进行售卖,这时候就会用到【批发销售】功能。在前台收银工作界面,按【Ctrl+1】快捷键,系统弹出切换提示信息,点击【切换】按钮(见图 2-35)。

录入所售商品后,双击商品弹出【点单】详细界面,点击【折扣】按钮,选择折扣方法,可对商品打折,或对每件商品固定减少一定金额,也可选择赠送。

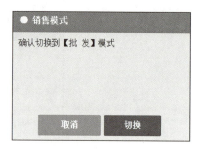

7. 交接班与退出

在前台收银主界面下,点击【交接班】选项或按【F6】键,打开"交接班"窗口(见图 2-36),可以查看收银员当天销售的总单数、总现金、总销售额、会员充值等信息。其中,总现金包括销售收取的现金和会员卡充值的现金之和;总销售额包括现金支付、银联支付、储值支付的销售额之和。在此窗口下,点击【交接班并登出】按钮可以进行交接班操作。

图 2-35 "销售模式"切换
提示对话框

图 2-36 "交接班"操作界面

点击交接班窗口下方的"商品销售报表",可显示销售"日结报表"(见图 2-37),可查看当日全天的销售数据。在"日结报表"中显示每天的销售总额、销售总数、销售利润和当天销售商品的现金支付、银联卡支付、储值卡支付及会员充值等信息。在此窗口中,可以打印"日结报表"进行结账,然后点击【日结并退出系统】按钮,即可进行交班入账并退出操作。

8. 收银机的管理

收银机是收银工作的主要设备和收银系统的运行载体,由收银员负责日常使用、维护及管理。

(1)每天清洁收银机,保持收银机外部的整洁;严禁在收银机上放置任何物品,不得在收银机周围放置液态物品,以防液体侵入机器;每月通知计算机管理人员对收银机键盘、内壳进行一次清理。

图 2-37　"日结报表"操作界面

 提示：

　　在没有作过卸载软件或删除数据库文件的情况下,销售数据最长可以保存一个月,如卸载重装软件,则无销售单据了。

　　(2) 严格按照收银机的开、关机程序操作:开机时首先打开 UPS 电源,再开启主机电源;关机时应先退出收银系统,关闭主机电源,再关闭 UPS 电源,最后盖上防尘罩。

　　(3) 工作时动作要轻,严禁用力敲打键盘,以免损坏内部元件。

　　(4) 严禁频繁开启或关闭收银机。断电关机后,至少在一分钟后才能开机。未经计算机管理人员同意,不得随意搬动、拔插电子收银机后盖的电源线和数据线。

　　(5) 当收银机出故障或液体侵入收银机时,须立即通知计算机管理人员到场解决,并尽量保护故障现场;如收银机相关设备损坏,须通知计算机管理人员,将损坏的元件交回信息部处理。

　　(6) 要经常保持收银机显示器(包括主显示器和顾客显示器)的清洁卫生,但不得使用表面粗糙的布或纸擦拭显示器,以防划擦显示器的表面,影响显示效果。

　　(7) 不要随意转动显示器(包括主显和客显)。如需调整显示器的角度,应双手轻轻地转动,以免数据线松动或被扭断。

　　(8) 如发现显示器异常,应立即和计算机管理人员联系,严禁自行拆卸检查显示器。

　　(9) 有关部门应对收银机的操作、保养情况定期或不定期地实施检查,如有违反具体操作规程的,均要实行一定的经济处罚。

　　9. 扫描器的管理

　　(1) 使用前,先检查扫描器的连接端口,确认扫描器处于正常工作状态。

(2) 接通电源后,扫描器绿色指示灯亮,同时听到"嘟"的声响,即表示扫描器工作正常,处于待机状态。台式扫描器还会产生垂直向上、纵横交错的激光束。

(3) 台式扫描器待机时,应用盖板遮挡住扫描窗口;手持式扫描器待机时,应小心地将扫描器放置在托架上。

(4) 工作中如有异常现象,如扫描器亮红灯、开机或扫描商品条码、顾客移动支付款条码时无"嘟"声响、商品信息无显示等现象,应立即停止工作,并及时通知计算机管理人员来检查维修。

(5) 日常工作中应注意扫描器的保养和管理,注意避光、除尘,经常保持扫描窗口表面的清洁。手持式扫描器还应注意轻拿轻放,以防碰摔仪器。

10. 打印机的管理

(1) 经常保持打印机的清洁卫生,不得随意移动和私自拆卸打印机。

(2) 严禁在换打印纸、色带、墨盒及撕纸时动作不当或野蛮操作。

(3) 打印机工作时,应注意看守,如发现挤纸情况时应立即停机处理。

(4) 工作中如打印机出现异常,应立即和计算机管理人员联系,严禁自行拆卸、维修打印机。

11. UPS 电源的管理

UPS 电源是保障收银设备的供电稳定和工作连续性的重要设备。UPS 电源管理和维护时应注意以下几点:

(1) UPS 电源对清洁卫生的要求较高,经常保持 UPS 电源外壳的清洁卫生。如果 UPS 电源主机内的灰尘较多或周围环境潮湿,容易造成主机运转的紊乱;大量灰尘也会造成 UPS 器件散热不良。所以,对 UPS 电源要注意防尘、防湿,并且至少每季度彻底清洁一次。严禁把 UPS 电源放在潮湿的地方,不要在 UPS 电源上及其周围放置任何物品。

(2) 开启收银机之前应先开启 UPS 电源,而关闭 UPS 电源之前应先关闭收银机。需要注意的是:如果停电,只靠 UPS 电源供电的情况下,应该先开启 UPS 电源,等待 UPS 电源进入稳定工作状态(开启 UPS 电源 10~20 分钟后),再开启收银机。关闭收银机后不能马上关闭 UPS 电源,应等待 UPS 电源充分散热后(约 10 分钟)才能关闭 UPS 电源。

(3) 在带电的情况下,不得搬动 UPS 电源或拔插 UPS 上的电源线;严禁在 UPS 电源上接连与计算机无关的设备,以防 UPS 超负荷运转。

(4) 当开启或使用中的 UPS 电源发出报警声及非正常声音时,须立即通知计算机管理人员。未经计算机管理人员许可,严禁以任何理由打开 UPS 电源进行检查。

(5) 工作中的 UPS 电源一旦短路,必须立即切断电源,并通知计算机管理人员到场处理。

 活动训练

在收银技能实训室,对收银机操作与管理进行以下训练:

(1) 清洁收银机并打开收银机电源,开启主机,检查扫描器、显示器、打印机是否正常工作。

(2) 为方便收款找零,需要先进行收银抹零操作,在"收款"界面抹去"角"以下的零头。

(3) 分别用现金结算、银行卡结算、储值卡结算、支付宝结算、微信结算进行收款。

(4) 对于那些付款时又提出需再买几件商品的顾客,用"挂单"与"取单"功能对已扫商品进行操作。

（5）帮助顾客查询储值卡内余额。

（6）在顾客需要时，用现金、银联卡，支付宝或微信方式为储值卡充值。

（7）下班时，收银员完成交接班或退出操作。

 活动 2.2.2 处理收银机常见故障

 活动准备

在收银技能实训室里，制造如下收银设备故障：

（1）关闭实训室总电源，导致收银机开不了机。

（2）打印机内没有放置卷式发票。

（3）拔下收银机的扫描器和显示器。

（4）钱箱上锁，并且提供以下商品：①该商品的信息未在收银后台录入；②此商品条码模糊有破损，无法扫描；③该商品的货架上标价与收银后台设置的商品价格不一致。

 活动内容

1. 收银机鸣叫故障的处理

在收银工作中，遇到的收银机故障多为系统操作故障。当收银员出现操作错误时，收银系统一般不会出现错误提示信息，而以机器的鸣叫声发出操作错误警告。通常以下操作会引起收银机的鸣叫：

（1）纸用完或未装纸，压纸杆没有压下。

（2）有未销售完的业务，无法结账。

（3）机器的连接线脱落，不能正常工作。

（4）操作时按键错误或键盘无法复位。

当听到收银机鸣叫时，应立即停止当前操作，检查是否出现了上述情况，并进行纠正；处理不了的，应及时上报收银主管，通知计算机管理人员到场处理，以免影响收银工作正常进行。

2. 收银机操作故障的处理

（1）开不了机器或屏幕无显示。检查连线是否松动或脱落；检查内存条是否损坏或太脏；检查显示器是否打开及亮度是否正常；检查电源插座是否有电；检查是否有连接错误。

（2）开机进不了操作系统。可能的故障原因及处理措施是：操作系统被破坏，需要重装；硬盘连线损坏或硬盘有坏道，需要修理；非法关机引起硬盘检测，需要等待检测完毕或重新启动。

（3）开机进不了收款系统。可能的故障原因及处理措施是：收银软件因病毒或删除等原因需要重新安装；软件没有注册，试用期已到，需要注册安装软件；操作员口令错误，需要重新录入口令。

3. 收银机异常情况的处理

（1）前台销售窗口提示"该商品不存在"。这种情况一般是由于服务器端没有建立该商品主档资料。通常有两种方式处理：一是在不影响顾客结算的前提下，按查询键录入交易商品的价格，调出相应的商品后再进行确认。若找不到该商品的编码，可用专柜方式直接销售，专柜号由商场或超市统一设定。二是跟顾客说清楚，其所购商品尚未在系统中登记（入账），无法出售，并请顾客予以谅解；然后，将该商品的编码、条码、名称、规格、售价等记录下来，立即通知信息部人员进入系统里，新增该商品主档资料。

（2）商品标价与系统显示价格不符。这种情况一是由于前台标价错误或前台标价与后台调价不协调引起的；二是因为促销价设置错误或过期引起的。不同的零售企业有不同的处理规定，通常的处理方法是暂停该商品销售，并进入系统调出该商品主档资料后，修改相应的零售单价或取消促销价设置。如果尚处于断网销售状态，则联网后再下传资料即可。

（3）商品条码扫描无效。这种情况一是商品本身条码出现问题（如模糊、皱褶等）；二是系统录入的商品条码有误。出现这种情况时，应手工录入商品条码，看能否解决问题；如果仍然找不到商品，应立即通知信息部人员到场处理或进入系统检查该商品的相关资料。

（4）收银机不能联网销售。在联网销售过程中，如果出现网络信号中断，不能进行联网销售的情况，应检查主机网线是否松动，若网线松动，应重新接好网线接口；若网线接口完好，则排除收银机自身因素，立即通知信息部人员到场检修，同时退出收银界面，重新进入系统，使用脱网销售模式继续进行收银作业，待营业结束前再将数据上传系统中心。

4. 收银机死机故障的处理

当遇到收银机突然死机（即不能正常工作）时，立即按【Alt+Ctrl+Delete】组合键，终止程序运行，重新启动收银机；或者热启动收银机，重新登录操作。有时在打印机没纸的情况下，收银机也会出现暂停的状态，仿佛死机一般，其实这是由打印机缺纸造成的收银机假死机，这种情况下重新装好打印纸即可解决问题。

5. 扫描器扫描故障的处理

当扫描器不能正常扫描商品条码时，首先检查扫描器接口有没有接好；其次检查商品条码是否有误。如果扫描器在工作时发出"嘀……嘀"的声音，这表明扫描器的初始化程序遭到破坏，找出扫描器说明书进行出厂默认设置即可。

6. 钱箱故障的处理

当遇到钱箱不能弹出的情况时，可以做如下操作：

（1）检查钱箱是否上锁。

（2）检查钱箱后的数据线是否与收银机的钱箱接口相连接。

（3）检查钱箱内部电磁阀是否损坏。

（4）检查钱箱内抽屉是否被异物卡住。

（5）检查钱箱底部的应急开启杆是否被挤住。

7. 其他异常情况的处理

（1）交易结算正常但打印机不能打印。首先检查收银机的打印功能是否被锁住，如果收银机的显示屏显示打印功能关闭，这时只需按一下打印键，即可复位；收银机的打印功能未被锁住，则检查打印机的设置，在【前台管理】的【POS机设置】中将【打印机端口】打开，并设置正确的 打印机型号。

（2）打印机不走纸或打白纸。若没有锁住打印，而且在按走纸键时有齿轮滑动的声音，则有可能是打印机齿轮打滑了,这时需要更换齿轮。若在换纸时,打印出无字的白纸,则可能是打印纸装反了或色带已经老化脱色。

 活动训练

　　在收银技能实训室,完成以下训练,并做好相应的记录:

(1) 查找收银机开不了机的原因,并排除故障。

(2) 查找收银机鸣叫的原因,并排除故障。

(3) 查找扫描器无法扫描的原因,并排除故障。

(4) 查找显示器不显示的原因,并排除故障。

(5) 查找钱箱打不开的原因,并排除故障。

(6) 对商品扫码不成功的商品进行手工录入条码。

(7) 对扫描条码后显示器显示"该商品不存在"的商品进行处理。

(8) 对顾客提出扫码后的价格与货架上标价不一致的商品进行处理。

任务 2.3

条码的扫描与录入

学习目标

通过本任务的学习,你可以达成以下目标:
- 了解商品条码和店内码的基本知识
- 明确商品条码扫描的原则
- 熟练扫描商品条码
- 清楚手工录入的要求和技巧
- 端正手工录入的姿势
- 熟记手工录入的指法

活动 2.3.1 扫描条码

活动准备

在收银技能实训室里,配备收银机、扫描器,以及充足的商品购物篮、实训用商品、卷式发票等。同时,还要检查收银机运行是否正常。

活动内容

1. 商品条码的概念

商品条码是指将表示一定信息的字符代码转换成用一组黑白或彩色相间的平行线条,按一定的规则排列组合而成的特殊图形符号。为了便于人们识别条码符号所代表的字符,通常在条码符号的下部印刷所代表的数字、字母或专用符号。

商品条码是用于表示国际通用的商品代码的一种模块组合型条码,是计算机录入数据的一种特殊代码。它包括商品的生产国别、制造厂商、产地、名称、特性、价格、数量、生产日期等商品信息。只要借助光电扫描阅读设备,即可迅速地将条码所代表的商品信息,准确无误地录入到系统中,并由系统自动进行存储、分类排序、统计、打印或显示出来。这不仅实现了销售、仓储、订货的自动化管理,而且通过产、供、销信息系统把销售信息及时提供给生产厂家,实现了产、供、销之间的现代化管理。因此,条码是快速、准确地进行商品信息流和物流控制的现代化手段。

2. 商品条码的优点

商品条码一般印在商品包装上,或将其制成条码标签附在商品上。对于小批量产品来说,条码也可印在不干胶上粘贴。商品条码作为向计算机录入数据的一种特殊代码,有以下优点:

(1) 准确度高。通过扫描条码录入数据,其准确度要比键盘录入高得多。研究表明,键盘录入错误率为三千分之一,而条码录入错误率为三百万分之一。

(2) 录入速度快。一般来说,条码录入速度为键盘录入速度的 20 倍。

(3) 制作容易。条码易于制作,对印刷技术、设备和材料无特殊要求。

(4) 设备经济实用。条码识别装置结构简单、可靠性高、易操作、价格便宜。

3. 商品条码的种类

目前,常用的条码有国际物品条码(简称 EAN 条码)、通用产品条码(简称 UPC 条码)、二五条码(Code 25)、三九条码(Code 39)和库德巴条码(Codabar Bar Code)五种。这五种条码各有特点,分别在不同的领域使用。商品流通领域用于商品标志的条码主要是 EAN 条码和 UPC 条码。

EAN 条码是国际通用商品代码,有 13 位标准条码(EAN-13 条码)和 8 位缩短条码(EAN-8 条码)两种版本(见图 2-38)。

(a) EAN-13条码符号　　(b) EAN-8条码符号

图 2-38　EAN 条码符号

(1) EAN-13 条码。EAN-13 条码由代表 13 位数字码的条码符号组成,包括前缀码、制造厂商代码、商品标识代码和校验码四个组成部分。

① 前缀码。前 2 位(欧共体国家)或 3 位(其他国家)数字为国家或地区代码,称为前缀码或前缀号,用于标识商品来源的国家或地区。国际物品编码协会分配给中国大陆(中国物品编码中心)的前缀码为“690~699”,其中 696~699 尚未启用,而“471”代表我国台湾地区,“489”代表我国香港特别行政区。

② 制造厂商代码。前缀码后面的 5 位或 4 位数字是各国或地区的 EAN 编码组织分配给其成员的标识代码,称为厂商代码。

③ 商品标识代码。商品标识代码又叫商品项目代码,由 3~5 位数字组成,商品项目代码由厂商自行编码。

④ 校验码。用于校验商品代码的正确性。最后一位数字为校验字符或校验码,用以提高数据的可靠性和校验数据录入的正确性。

(2) EAN-8 条码。EAN-8 条码是 EAN-13 条码的缩短版。EAN-8 条码由代表 8 位数字的条码符号组成。EAN-8 条码的前缀码与 EAN-13 条码的前缀码相同;制造厂商代码和商品项目代码用 5 位或 4 位数字表示;最后一位数字为校验字符或校验码。EAN-8 条码主要用于印刷空间不足的小包装商品,如化妆品、香烟、口香糖等。根据国际物品编码协会的规定,只有当 EAN-13 条码所占面积超过总印刷面积的 25% 时,使用 EAN-8 条码才是合理的。

(3) UPC 条码。UPC 条码是一种只代表数字的商品代码,有 12 位标准码(又称为 UPC-A 码)和 8 位缩短码(又称 UPC-E 码)两种版本,主要通用于美国、加拿大等北美国家。

4. 商品店内码

超市经营的鱼、肉、水果、蔬菜等随机称量销售的生鲜商品,其编码任务一般不宜由商品的生产者承担,而是由零售商自行完成。零售商进货后或销售时,对商品进行简单包装,用专用设备(如电子秤)对商品称重并自动编码,然后打印出条码标签,并将其粘贴或悬挂在商品包装袋上(见图 2-39)。这种专用设备取决于编码方法,所以设备制造商必须依据与零售商签订的协议生产设备。零售商编制的代码,只能用于商店内部的自动化管理系统,因此称为商品店内码。

图 2-39 生鲜商品店内码销售

有些零售商为了实现商店的自动化管理,不得不对本应由制造商编码的商品进行编码,这样的商品代码虽然也可以称为"店内码",但已超出店内码的原来含义了。这种"店内码"的长度应从常规的商品代码长度中选取,如 13 位、8 位、12 位等。表示"店内码"的条码也应按常规的印刷方法印刷。国际上常用的几种店内码模式有 EAN-13 代码、EAN-8 代码、UPC-A 代码和 UPC-E(LAC)代码。

现代超市经营的商品种类繁多,但无论是条码的包装商品,还是店内码的生鲜商品,在前台收银结算时均采用条码扫描的销售方式。

5. 商品条码扫描的原则

(1) 快速扫描原则。快速扫描,即前台销售时以最快的速度对商品条码进行扫描。这就要求收银员必须熟悉一般商品的条码印刷的位置,扫描时保持印有条码的包装面平整,保证条码正对着扫描器等。

(2) 一次扫描原则。一次扫描,即在销售时保证每一件商品一次扫描成功。这就要求收银员熟练掌握条码扫描技能,提高条码扫描准确率。重复扫描或多次扫描会造成同一件商品重复计价,从而引起顾客不满或投诉。

(3) 无漏扫描原则。无漏扫描,即在销售过程中保证每一件商品都被有效扫描过。在顾客已经付款的商品中,没有遗漏扫描或扫描不成功的情况。

6. 商品条码扫描的方法

条码扫描

(1) 当顾客到收银台结账时,应首先协助顾客将其选购的商品放在收银台上,不得直接在购物篮或购物车内进行扫描。

(2) 对于条码有皱褶或不平整的,应将条码摊平,然后依次将每件商品的条码正对激光平台或扫描器轻轻一扫。

(3) 使用手持式扫描器时,应左手拿商品,右手持扫描器,扫描器与商品的距离不超过 30 厘米,扫描器呈 45°角倾斜对准条码,勾发读码,注意切勿连勾,以免扫描器多读商品。使用台式扫描器时,将商品条码朝着扫描窗口顺箭头方向划过,切勿大幅度晃动商品,以免扫描器重复扫描商品。当听到"嘟"的声响后,证明条码扫描成功,此时收银机显示器上会显示商品编号、名称、单位、单价等信息。

(4) 扫描并消磁后的商品随即放到台面的另一端,以防造成商品重复扫描。

(5) 如果顾客购买多个同一商品时,可在扫描后直接录入商品数量或使用重复键计数。

(6) 扫描商品时应做到"扫一、推一、看一",即扫描一件商品,并将其与未扫描的商品分开,同时看屏幕,以免错扫、多扫和漏扫现象的发生。

(7) 对于顾客临时决定不要的商品,应将该商品放在收银台指定区域,等待理货员整理,防止错扫。

(8) 看顾客所选购的商品全部扫描完成后,同时注意检查购物车或购物篮的底部及顾客手中是否还留有未扫描的商品,以防漏扫。

(9) 对于扫描器扫描不成功的商品,可以采用手动录入商品编码的方式。

(10) 商品扫描完毕后应向顾客报出商品的数量和价格。

 活动训练

(1) 解读商品条码上数字的含义,判断它是商品条码还是店内码,判断是 EAN-8 条码还是 EAN-13 条码。

(2) 利用收银设备对商品条码进行快速、一次、无漏扫描做到"扫一,推一,看一"。

条码扫描训练

 活动 2.3.2　**手工录入商品条码**

 活动准备

(1) 在收银技能实训室里,配备收银机、秒表,以及一定数量的卷式发票、标有条码或店内码的商品等。同时检查收银设备的运行情况。

(2) 在点钞技能实训室里,配备"爱丁数码翰林提"设备。

 活动内容

1. 手工录入商品条码的要求

使用键盘手工录入商品条码的方式也称为人工扫描,即对机器多次扫描无效的商品条码改用手工录入操作。

在前台销售过程中,经常会遇到因商品条码失效等原因造成的机器扫描不成功的情况。在这种情况下,为了不影响顾客正常结算,收银员应果断采用键盘操作,手工录入商品条码下面的数字,并利用键盘录入商品的销售数量,从而完成商品销售及收款工作。手工录入主要使用的是收银机键盘上面的数字小键盘,因此要提高收银工作效率,收银员必须熟悉数字小键盘,做到不看键盘(盲打)能快速准确地录入数字。

采用开放式售货的百货商场、购物中心、专卖店等零售企业,其销售特点是采用店内码开单销售。收银员在收款时,凭借营业员开出的销售小票,手工录入商品的店内码,调出商品信息,完成销售收款工作。

2. 手工录入的姿势

收银员一般是站立录入商品条码的,站立时身体稍偏于键盘右方。

(1) 身体要保持平直,肩部放松,腰背不要弯曲。

(2) 小臂与手腕略向上倾斜,手腕平直,两肘微垂,轻轻贴于腋下,手指弯曲自然适度,轻放在键盘基准键(4、5、6键)上。

(3) 手掌以手腕为轴略向上抬起,手指略弯曲、自然下垂,形成勺状。

3. 手工录入的指法

收银机小键盘是向收银机录入数字、发出命令的重要设备。为了便于有效地使用小键盘,提高数字的录入速度,各手指负责的按键有严格的分工(见图2-40)。

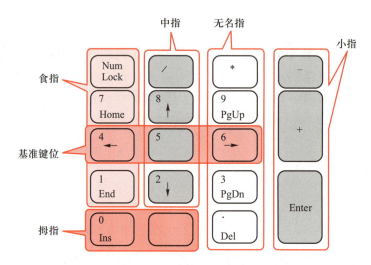

图 2-40 小键盘指法分布图

数字小键盘的操作指法

(1) 小键盘的基准键位(4、5、6键)由右手的食指、中指、无名指负责,其中"5"键上有一个小突起是用来定位的,因此又称定位键。

(2) 右手食指负责"Num Lock""1""4"和"7"键;中指负责"/""2""5"和"8"四个键;无名指负责"*""3""6""9"和"."五个键;小指负责"+""−"和"Enter"三个键;拇指负责"0"键。

当准备操作小键盘时,手指应轻轻地放在相应的基准键上,按完其他键后,应立即回到相应的基准键上。

4. 手工录入的技巧

为了提高收银工作效率,减少顾客排队等候的时间,当扫描商品条码不成功时,不可立即手工录入该商品,而应将不能扫描的商品单独放在一边,等全部商品扫描完毕时,再将扫描不成功的商品一起采用手工录入的方法录入商品条码。

 活动训练

完成以下商品条码录入数字键盘练习。

1. 竖式练习

【要求】　敲打 147、258、369。

【步骤】

(1) 食指练习:1、4、7 键。

(2) 中指练习:2、5、8 键。

(3) 无名指练习:3、6、9 键。

2. 横排练习

【要求】　敲打 123、456、789。

【步骤】

(1) 食指 1 键、中指 2 键、无名指 3 键。

(2) 食指 4 键、中指 5 键、无名指 6 键。

(3) 食指 7 键、中指 8 键、无名指 9 键。

3. 混合练习

【要求】　敲打 159、357、13579、24680。

【步骤】

(1) 159 指法分工:食指 1 键、中指 5 键、无名指 9 键。

(2) 357 指法分工:无名指 3 键、中指 5 键、食指 7 键。

(3) 13579 指法分工:食指 1 键、无名指 3 键、中指 5 键、食指 7 键、无名指 9 键。

(4) 24680 指法分工:中指 2 键、食指 4 键、无名指 6 键、中指 8 键、拇指 0 键。

4. 加百子

按指法要求,录入 1+2+3+…+99+100。

5. 减百子

先录入数字 5050,按指法要求,依次录入 –1–2–3–…–99–100。

6. 商品录入练习

按指法要求录入不同商品的条码,尽量做到盲打和录入正确。

商品录入
练习

商品消磁与装袋

学习目标

通过本任务的学习,你可以达成以下目标:
- 了解商品防盗标签知识
- 能对不同商品进行快速消磁并同时回收硬标签
- 明确按照分类装袋的原则
- 能对商品进行分类装袋
- 能对商品包装进行安全检查

 活动 2.4.1 商品消磁

 活动准备

在收银技能实训室里,配备以下设备与物品:
(1) 收银机、扫描器和消磁器。
(2) 贴有防盗软标签的奶粉、化妆品等商品。
(3) 带有防盗硬标签的服装等商品。
(4) 拴有防盗绳的酒类。
(5) 装在防盗盒中的电池等。
(6) 商品购物篮、开锁器、解码器、硬标签回收盒等。

 活动内容

商品消磁,是指对固定在商品上的防盗标签进行解除磁性。

1. 商品防盗标签的种类与特点

销售商品常用的防盗标签分为软标签和硬标签两种。

(1) 软标签。软标签从外形上看就是一张纸条,看似一般的价格标签,实际上却是有磁性的防盗标签,所以也叫防盗软标签(见图2-41)。它主要贴在有外包装且包装不容易打开、体积较小、价值较高的商品上,如保健品、酒类、化妆品、磁带、CD、电池等。其特点是:成本较低,一次性使用,具有隐蔽性。

软标签的消磁处理需要解码器(见图 2-42)。解码器也叫消磁板,有接触式和非接触式两种。对于接触式解码设备需要将商品放置在解码器上面方能解码。目前市场上多为非接触式解码设备,它有一定的解码高度,当收银员收款或装袋时,软标签无须接触消磁区域即可解码。也有将解码器和激光条码扫描器合成到一起的设备,做到商品扫描和解码一次性完成,方便收银员的工作。

软标签与消磁板

图 2-41　软标签　　　　　　　　　　　图 2-42　解码器

(2) 硬标签。硬标签是指难以被移走或被破坏的坚固标签(见图 2-43)。顾客结账时,收银员需用特定工具如硬标签拔除器、取钉器、开锁器(见图 2-44)等将硬标签取下并收回。硬标签主要用于没有外包装或包装比较容易被打开,且价值较高的商品,如服装、鞋帽、皮具、酒类和高档食品等。其特点是:一次性投资,可循环使用,具有永久性,不具备隐蔽性。

硬标签与开锁器

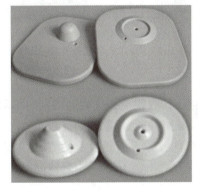　　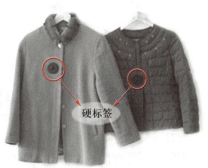

图 2-43　硬标签

图 2-44　开锁器

硬标签与
防盗绳

另外,还有些硬标签可与防盗绳配合使用(见图 2-45);在书籍类商品中常使用磁条(见图 2-46);对音像制品常使用光盘防盗盒(见图 2-47)。

2. 商品消磁的原则

(1)快速消磁原则。即以快捷的速度将每一件已扫描成功的商品进行消磁。

(2)无漏消磁原则。即保证每一件商品都经过消磁处理,且须确保消磁成功。

(3)保护商品原则。进行硬标签手工消磁时,不能损坏商品,应轻取轻拿。

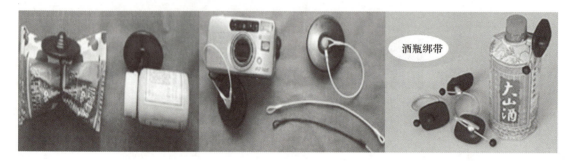

图 2-45　硬标签与防盗绳

图 2-46　磁条

图 2-47　光盘防盗盒及开锁盒

3. 商品消磁的操作

商品消磁

(1)当顾客携带商品来收银台结账时,收银员扫描商品的同时须对商品进行消磁处理,以便顾客在离开时能够顺利地把自己已付款的商品带走。

(2)对于使用软标签的商品,要将其放置于消磁板上消磁,也可以使用手持式消磁器对其进行消磁。另外,为了使商品彻底消磁,需要翻转商品,以免因为消磁不彻底而给顾客带来麻烦。

(3)对于使用硬标签的商品,应将硬标签突出的一端插入开锁器中,然后将硬标签取下。使用硬标签的商品应每扫描一个就取一个硬标签,并将其收好以便再次利用。以服装类商品为例,硬标签商品消磁操作流程示范如图 2-48 所示。

> 提示:
> 对服装类商品进行消磁、取硬标签后,必须将其折叠整齐。需要注意的是:在折叠服装的同时,要检查一下口袋中有没有未经付款消磁的商品,还要用手轻按或摸一下服装上是否还有没有取下的硬标签,以免给顾客带来麻烦。

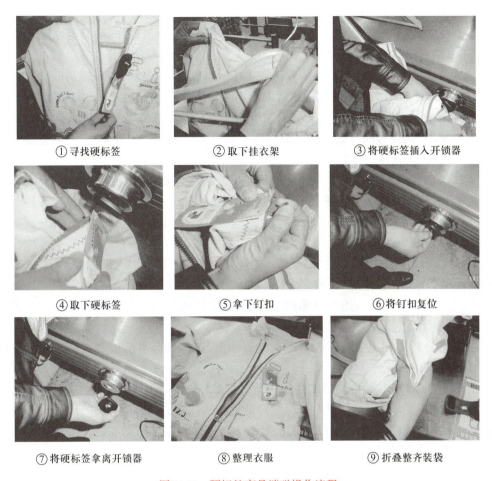

① 寻找硬标签　② 取下挂衣架　③ 将硬标签插入开锁器

④ 取下硬标签　⑤ 拿下钉扣　⑥ 将钉扣复位

⑦ 将硬标签拿离开锁器　⑧ 整理衣服　⑨ 折叠整齐装袋

图 2-48　硬标签商品消磁操作流程

（4）取下硬标签后，如顾客不要该商品或欲更换商品时，应将商品在收银机上作"更正"或"取消"操作，并及时将硬标签扣回原位。如顾客因出门报警又返回收银台重新消磁，须先查看销售发票或小票，确定该商品是否已结账。如果该商品已经付款，收银员应立即重新消磁，并向顾客道歉；如果该商品未付款，应礼貌地要求顾客付款，若发生纠纷，应立即请负责人帮助解决，不可影响其他顾客结账。

4. 消磁硬标签的管理

（1）为尽量减少企业商品的损耗，应加强对硬标签的回收管理。硬标签必须把商品和店内码卡在一起，以防商品被调包或商品无条码。

（2）如发现商品上有条码，但该条码未和硬标签卡在一起，此时必须认真核对商品信息，防止个别顾客偷梁换柱，用其他便宜商品的条码替换本商品条码。如果发现所扫商品名称与所拿商品不一致时，应婉言拒收该商品，以免引起顾客不满甚至引起争执。

（3）收银员取下硬标签，合上扣钉放于收银台内的指定的位置。

（4）每次处理硬标签时，按要求必须把收银台内回收的硬标签交于总收款室指定位置。

5. 消磁作业应注意的问题

(1) 只有正在进行扫描收款的当值收银员才能对商品进行消磁作业；只有在顾客购买结算的过程中才可以对商品进行消磁处理。

(2) 每天营业前必须检查消磁板是否正常工作。客服部应发给每位收银员一个防盗签。该签由收银员保管,专门用于检测消磁板是否处于正常工作状态。

(3) 接通电源后,收银员应将一只手按在消磁板的盖板上,另一只手拿防盗签在盖板上晃动,如消磁板发出嗡嗡声,同时放在消磁板盖板上的手有轻微颤动的感觉,说明消磁板处于正常工作状态。

(4) 如使用防盗签检测消磁板时,既无声响又无颤动感觉,说明消磁板电源未接通或有故障,此时应揭开收银台面板,将消磁板与电源线的接触部分按紧,同时检查电源插头与电源插座是否连接好,这些工作做完后如消磁板右下角的指示灯已亮,说明消磁板电源已接通,可以正常工作了。

(5) 确认电源线连接无问题而消磁板指示灯不亮,应请电工对电源线进行检测。如电源线有问题,则更换电源线；如电源线无问题,则上报收银主管联系设备供应商对设备进行检测。

(6) 收银监察员反映某收银台有消磁不净的问题,该收银台的收银员应按上述方式重新检测消磁板是否处于正常工作状态。

(7) 应避免将商品和包装袋压在消磁板电源线上,这样做容易造成消磁板与电源线接触不良而导致消磁板断电。

(8) 要特别注意体积小、价格高的商品的消磁,如口香糖、巧克力、高中档内衣裤、化妆品、洗涤用品等。在对这些商品进行消磁时应尽量降低商品的高度,并将商品的正反面分别进行消磁。

(9) 每天结束收银工作后应关闭消磁板电源。特别注意不要将防盗硬签的钢钉丢弃在地板上,否则会发生人身伤害事故。

 活动训练

商品消磁
训练

在收银技能实训室里,完成以下训练:

(1) 检查消磁器能否正常工作。

(2) 利用解码器对贴有防盗软标签的商品进行消磁处理。

(3) 利用开锁器对带有防盗硬标签的商品进行消磁处理。

(4) 回收消磁后的防盗硬标签。

活动 2.4.2 商品装袋

 **活动准备**

在收银技能实训室里,准备以下收银设备和物品:

(1) 收银机、扫描器、消磁器等。

（2）大、中、小号购物袋。

（3）冷冻食品、熟食、蔬菜、水果、洗涤用品、纺织用品等。

（4）易碎易破的瓶装、袋装商品、真空包装、压缩包装商品、盒装商品等。

 活动内容

1. 商品装袋的基本原则

（1）征求顾客用袋意见。国家明文规定，在全国范围内所有超市、商场、集贸市场等商品零售场所一律不得免费提供塑料购物袋。因此，收银员在收银作业中应首先询问顾客是否需要有偿购物袋，然后根据顾客的意见再考虑如何进行装袋操作。

（2）正确选择购物袋。购物袋的尺寸有大小之分：特大袋(14+8) cm × 22 cm，大袋(12+6) cm × 21 cm，中袋(9+6) cm × 18 cm，小袋(7+4) cm × 12 cm。究竟用一个大的购物袋还是用两个小的购物袋，首先要根据顾客的需要，然后再考虑商品的类别和重量。

（3）将商品分类装袋。科学合理地分类装袋，不仅提升顾客的满意度，也体现了尊重顾客、尊重健康的理念。

2. 商品装袋的分类原则

根据科学、卫生、健康的理念，商品装袋作业（见图 2-49）中要掌握以下分类装袋的原则：

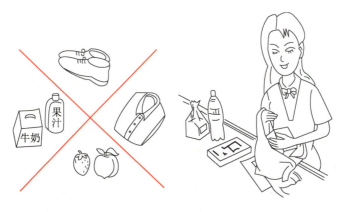

图 2-49　商品分类装袋图示

（1）生鲜类食品（含冷冻食品）不与干货食品、百货食品混合装袋。

（2）熟食、面包类即食商品不与其他生鲜食品混装，应生熟分开。

（3）生鲜食品中的生食、海鲜类不与其他生食品混装，避免串味；水果不能与不处理的生鲜蔬菜放在一起等。

（4）化学用剂类（如洗发水、香皂、肥皂、各类清洁剂、杀虫剂等）不与食品、百货类商品混装。

（5）服装、内衣等贴身纺织品，不与食品类商品混装，以避免污染。

（6）日用品要与食品分装（少量且包装完善的商品除外）。

（7）其他比较专业的、特殊的商品一般不混装，如机油、油漆等。

商品装袋

3. 商品装袋的操作技巧

（1）较硬与较重的商品应垫底装袋，这样可以避免压坏其他商品或导致袋子某一方向过重而使顾客提拎不便，如液体类的饮料、油、各种洗涤用品等。

（2）正方形或长方形的商品装入包装袋的两侧，作为支架，从而可以使全部商品较整齐地排列，一定程度上增大了购物袋的盛物空间。

（3）瓶装或罐装的商品放在中间，以免受外来的挤压而破损，如罐头、蜂蜜等。

（4）易碎品或轻泡的商品放置在上方。有一些受轻压就会变形或损坏的商品，如工艺品、饰品等，要求装袋时将其置于购物袋的最上方。还有一些商品较轻泡，如薯片等膨化食品、毛绒玩具等，虽然不重却占据了购物袋的很多空间，原则上也是将其置于购物袋的上方，原因是避免造成购物袋下部较轻不便提拎。

（5）冷冻品、豆制品等容易出水的商品，以及肉类、蔬菜等易流出汁液的商品，应先用包装袋装好后再放入大的购物袋中，或经顾客同意不放入大的购物袋中。这是因为这类商品受压后会流出汁液，如无隔离包装很可能污染其他商品。

（6）装入袋中的商品不能高过袋口，要求两手提拎受力均匀，整袋商品的放置不明显倾斜，以方便顾客提拿。

（7）装袋时要绝对避免不同顾客的商品放入同一个袋中的现象，同时提醒顾客带走所有包装入袋的商品，防止其将商品遗忘在收银台上。

（8）注意装袋时不要留有空间，这样，袋子就有稳定感，不容易破裂，商品也不易损坏。

（9）对顾客提出的分袋、装大袋等要求，收银员应提醒顾客每种型号购物袋的不同价格，让顾客考虑使用。对顾客提出的绳扎、装箱等其他要求，收银员可建议顾客到服务台办理。

（10）装袋时要注意操作的时机，趁顾客拿钱时，可先行将商品入袋，一旦顾客拿钱结账，应立刻停止装袋作业，为顾客结账。超市在促销活动中所发的广告页或赠品要确认已放入包装袋中。

4. **商品包装的安全检查**

对商品包装进行安全检查，其目的是能够及时发现可能造成损坏的商品，以及伤害顾客、损害其利益的不当包装，并提醒或帮助顾客正确处理。

（1）商品扫描结算前，收银员要对入袋商品逐一检查，特别是对易碎的瓶装商品、易破的袋装有汁食品及压缩包装的袋装食品等要重点检查。仔细察看易碎瓶装商品有无裂缝，袋装有汁食品有无汁液流出，压缩袋装食品有无胀气变质等，以免给顾客造成伤害。

（2）能拆开包装的商品（商品包装未封口，如牙膏等）或封口被开启过的商品，必须在扫描后打开包装检查，并将实物与收银机显示的品名、规格进行认真核对。一方面可以防止由于可拆包装商品装错给顾客带来麻烦；另一方面也可以防止有些顾客故意调换商品，如将高价商品装入低价商品的包装中，或将一些小件商品装入其他大商品的包装当中，以免给企业带来较大的损失。

（3）对于商品原包装封口被破坏，即使已被重新封口的商品也要打开包装检查，即非原包装商品都要开包检查，以防由于商品装卸、上架可能造成里面商品损伤或破碎，或者由于工作人员疏忽可能造成的商品错装等情况发生，损害顾客的利益。

在收银技能实训室里,完成以下训练:

(1) 依据装袋分类原则,对扫描、消磁后的商品进行分类。

(2) 根据分类后的商品多少选择不同型号的购物袋,并进行装袋操作。

(3) 对易碎、易破的瓶装、袋装商品,以及真空包装、封口已被破坏的盒装商品进行包装安全检查。

商品装袋
训练

收银服务规范

　　作为零售企业的一名收银员,首要的工作就是为顾客提供优质快捷的收银服务。员工通过企业立身处世,企业通过员工服务社会、传播形象。一个懂得运用服务礼仪规范的收银员,总是能很快得到顾客的接纳和认可,优质快捷地完成收银工作,促进企业商品销售,实现良好的经济效益。

　　一个充满朝气、面带微笑、穿着得体、行为友善的收银员,可以给顾客留下良好的第一印象,能充分展示企业员工的精神风貌。因此,收银员应从服务礼仪的日常细节做起,注重自身修养,塑造良好的企业形象。

仪容仪表规范

通过本任务的学习,你可以达成以下目标:
- 陈述容貌礼仪规范的具体内容和要求
- 陈述着装礼仪规范的具体内容和要求
- 能以正确的仪容仪表规范接待顾客

活动 3.1.1 容貌礼仪规范

活动准备

在收银技能实训室里,准备仪容修饰所需的化妆品、镜子等物品,并按学生人数准备男女收银员容貌礼仪自检表若干。

活动内容

收银员每天工作在顾客往来众多的商业场所,为了给顾客留下一个美好的印象,修饰、注重自己的仪容仪表非常重要。因此,收银员应当学会一定的化妆技巧,掌握一些容貌的礼仪规范,以便装扮出自己最理想的形象,同时也给顾客留下一个美好的印象。

1. 收银员容貌的整体要求

对收银员容貌的整体要求是:外表整洁,健康向上。

(1) 外表整洁。外表整洁是指收银员的外表要干净利索,着装整洁得体;面容、头发、指甲要保持清洁,不浓妆艳抹,不邋遢。

(2) 健康向上。健康向上是指收银员看起来要精神饱满、充满自信,给顾客一种充满活力的感觉,体现出健康向上,积极进取的精神风貌。切不可因个人偏好去打扮而破坏店内的和谐氛围。

2. 女收银员容貌礼仪的要求

爱美是女人的天性。作为女收银员,一定要注意自己的容貌礼仪,把握好尺度,掌握好技巧,体现出现代女性应有的清新典雅、端庄亮丽的风采。女收银员在工作

女收银员容
貌礼仪规范

中容貌礼仪的具体要求如下：

（1）头发。保持清洁、整齐，经常洗头、剪发。发型以短、散、松、柔为宜，显示出自然、端庄之美。额前发不可遮及眉毛，头发造型不得过于夸张、怪异，不得将头发染成黑色以外任何其他颜色。头发应整理得体，过肩长发必须束扎盘结，头饰造型不得过于夸张，颜色不得过于鲜艳。

（2）面部。面部化妆必须适度，要根据环境特点、自身特点、当地习俗等掌握分寸。口红、眉毛需涂描得体，以自然适度为原则；应选用与自己肤色一致的粉底霜，薄薄地拍打均匀，以淡淡的粉妆为宜；眼影和眼线可用咖啡色眼线笔轻描，切忌过浓过艳。

 提示：

化淡妆的步骤

化淡妆的必备品有：①化妆品：普通乳液、粉底液、眉笔、眼影、睫毛膏、唇彩、腮红；②工具：眼影刷、睫毛夹、腮红扫。

化淡妆的步骤如下：

第一步，擦乳液与粉底液。将常见的乳液均匀地涂抹于已洗净的脸上。如果脸部容易出油，可再抹点控油隔离霜。粉底液用手指蘸取少量，分别点在额头、鼻梁、脸颊、下巴等处，然后轻轻推匀，最后再用米粉或者蜜粉饼进行定妆。

第二步，画眉。对于中国人来说，咖啡色、棕色和灰色比较适合。画眉时，一定要有耐心，并遵循"从下到上，从内到外"的原则，从眉头一笔一笔地依次画到眉梢，眉梢轻轻地一笔带过。

第三步，画眼影。眼影的画法相当简单，自眼睑下方至上方、由深至浅渐次画上即可。

第四步，睫毛。刷睫毛前，应先将睫毛夹卷，一般用睫毛夹将睫毛夹三次，即第1次夹根部，第2次夹中段轻轻向上弯，第3次夹尾端。夹完睫毛后再刷睫毛膏，这时，稍微瞪大眼睛，将睫毛刷从睫毛根部开始呈"Z"字形左右迂回地刷睫毛。竖起刷尖部分，轻轻梳理，使被刷后凝结成一团的睫毛纷纷散开。

第五步，唇。用搭配服饰颜色的唇彩均匀地涂在嘴唇上，然后用嘴唇轻轻地抿均匀即可。注意：唇彩的颜色不能过于夸张，否则，画出来的效果会给人一种很不协调的感觉。

第六步，腮红。选择适合自己的品牌，面对镜子微笑，然后在颧骨、脸颊等处打上适量的腮红，每次打腮红分量要小，多刷几次直到效果发挥到最佳状态。

（3）指甲及其他。指甲应当常修，短而干净，不得留长指甲。一般不宜涂指甲油，若使用指甲油，只可涂无色或肉色，且每只指甲均应涂上相同的颜色。营业时，除了手表以外，可佩戴无镶嵌物的戒指一枚，不得佩戴大圈或带坠的耳饰，也不宜戴惹眼的胸饰和领花等；不得戴手链或脚链，以免妨碍工作。

表 3-1 是某超市关于女收银员容貌礼仪的对照自检表。

表 3-1

女收银员容貌礼仪自检表

项目	细则	评价结果（是或否）
头发	发色是否自然	
	是不是怪异发型	
眼睛	眼部化妆是否太刺眼	
	眼睫毛是否整齐	
脸	是不是太浓妆或太庸俗	

续表

项目	细则	评价结果（是或否）
耳朵	是否佩戴夸张饰物	
	是否保持清洁	
口	口红是否太浓艳	
颈	颈部四周是不是清洁	
手	有没有剪指甲	
	是否佩戴奇形首饰	
	是否保持清洁	

男收银员容貌礼仪规范

3. 男收银员容貌礼仪的要求

男收银员在日常工作中一般无须化妆，只要端庄、整洁、健康即可。要做到这一点，就必须注意讲究卫生，勤理发，勤洗脸、洗手，勤剪指甲，不留长发和怪发型，以自然、简洁为宜。鬓角不可过长，不留胡须；上班前不喝酒，不吃生葱、生蒜等带强烈刺激气味的食物。

现代社会，男士美容逐渐呈现出大众化趋势。所以，男收银员平常也应使用基本的护肤品，特别是在容易引起皮肤干燥的秋冬季节，更应当注意保护皮肤，以免影响自己的形象。日常工作和社交场合中，还可以使用一点男士香水，以增加自己的魅力。

表 3-2 是某超市关于男收银员仪容仪表的对照自检表。

表 3-2

男收银员容貌礼仪自检表

项目	细则	评价结果（有或无；是或否）
头发	有无头皮屑	
	有没有梳妆整齐	
眼睛	是否充满血丝	
	是否看上去疲惫不堪	
耳朵	是否清洗干净	
口唇	是否留胡须	
	有无刷牙	
手	有没有剪指甲	
	是否保持清洁	

活动训练

　　课余时间到周围的超市去实地观察,思考这些场所中收银员容貌礼仪规范做得怎么样。优秀的,借鉴学习;不好的,自我反思,不犯类似的错误。建议从以下方面进行评价:

　　(1) 发色、发型是否自然。

　　(2) 脸部化妆是否清新自然。

　　(3) 佩戴首饰是否夸张。

　　(4) 手部是否清洁。

 **活动 3.1.2**　着装礼仪规范

 活动准备

　　(1) 网上搜索关于收银员工作装的图片,并与一般生活着装进行对比。

　　(2) 从上下装搭配、鞋袜搭配、佩戴饰物、整洁程度等方面尝试总结工作着装的特点和要求。

 活动内容

　　1. 着装的基本原则

　　收银员着装的基本原则是整洁、大方、得体,既要符合时尚美感,又要体现个性风采。

　　(1) 整洁。要求收银员所穿的服装整齐、干净,上衣要熨烫平整,裤子要熨烫出裤线,皮鞋要擦出亮度,而且不论衣服新旧都要经常换洗,每天保持干净。

　　(2) 大方。要求收银员所穿衣服应大大方方,不能花里胡哨;工作装要符合工作环境和身份,便装也不应是奇装异服。既要了解自身体型的特点,以便着装时扬长避短,又要注意选择服装的款式,尽量显得落落大方。

　　(3) 得体。收银员所穿服装要适合自己的体型,既不能过于瘦小,又不要太肥大,而且颜色搭配要合理,因为服装颜色的深浅会给人不同的感受。

　　2. 着装的礼仪要求

　　(1) 工作装。

　　① 工作服如果是套装,就必须上下装配套穿,而不能只穿一件。如果只有上衣是工作服,下装可以是便服,但也应搭配得当,裤子或裙子应在样式、色调上与工作服相协调。

着装礼仪
规范

　　② 衬衣要穿规定的颜色和式样,工装拉链必须拉上,长袖衬衣需扣紧袖口,衬衣下摆应扎放在裤内或者裙内,绝不能让内衣或其他衣服显露在制服外面;扎领带一定要用领带别针。

　　③ 女收银员要穿黑色、灰色、藏青色、茶色、绿色且无花纹的裙子。着裙装时,应穿长袜,长

袜不得短于裙子的下摆,并一律为肉色;衬衣纽扣必须扣好。男收银员衣着要整洁笔挺,不打皱,不过分华丽;背部无头发和头屑;所有口袋不要因放置钱包、名片、香烟、打火机等物品而鼓起来。

(2) 鞋袜。

① 不穿拖鞋、凉鞋、草鞋或雨靴上班。

② 皮鞋应擦拭干净,具有亮度;破损的鞋子应及时修理;如穿布鞋,同样需保持鞋子的整洁。

③ 女收银员应穿与肤色相近的丝袜,以肉色为主,袜口不要露在裤子或裙子外面;不能穿露脚趾的凉鞋和拖鞋;鞋跟高矮适中,鞋跟高四厘米为宜。男收银员应穿与鞋子颜色和谐的袜子,以深色为普遍颜色。

(3) 工牌徽章。

① 上岗时应按照规定佩戴好徽章或工牌。徽章或工牌是岗位和职责的标志,不得随意改制和增添其他饰物,不得借与他人使用。

② 徽章或工牌内容填写应规范齐全,外套和内芯无破损、无污渍。

③ 胸卡一律佩戴于制服外衣的左胸上,不得佩戴无照片或经涂改的胸卡。

(4) 配饰。女收银员应注意配饰的搭配,尽量减少亮点,不佩戴过于显眼或奇异的首饰;男收银员无首饰,可戴一款大方美观的手表。女收银员、男收银员仪容仪表规范见图 3-1 和图 3-2。表 3-3 是某商场关于收银员着装的对照自检表。

图 3-1　女收银员着装规范图示

图 3-2 男收银员着装规范图示

表 3-3

收银员着装规范自检表

项目	细则	评价结果（有或无；是或否）
衬衫	是否洗烫过	
	颜色是否太刺眼	
口袋	有无携带便条和文具	
裤子	是否洗烫过	
	裤线是不是笔挺	
工作服	是否洗烫过	
	有没有佩挂服务证	
	有无脱线或破绽	
鞋子	是否干净光亮	
	后跟是否太高	
	有无污垢	

 活动训练

　　根据自己的身高、体型、容貌等特点,选择一套适合自己的工作用服装,然后互相评价对方的着装是否符合礼仪规范,养成正确的穿衣习惯,树立正确的审美观。建议从以下方面进行评价:

　　(1) 工作服的上装和下装搭配是否得当。

　　(2) 工作服是否平整清洁。

　　(3) 鞋子是否干净光亮。

　　(4) 佩饰是否夸张。

　　(5) 工牌徽章佩戴是否规范。

行为语言规范

学习目标

通过本任务的学习,你可以达成以下目标:

- 熟悉行为语言规范常用的名词术语
- 明确作为收银员应具备的行为举止和服务语言规范
- 能在收银服务工作中践行以礼待客的服务宗旨

活动 3.2.1 行为举止规范

活动准备

到商场、超市等场所实地观察收银员的站姿、坐姿、行走姿势、手势、行礼服务表情等,并与日常生活中相关姿势进行对比,尝试总结在收银服务工作中收银员的行为举止应符合的要求。

活动内容

1. 站姿规范

站姿,即站立姿势。在人际交往中,站立姿势是一个人全部仪态的根本。如果站立姿势不够标准,一个人的其他姿势就谈不上优美而典雅。

(1)基本站姿。基本站姿是对服务人员在仪态方面的一项基本要求。它是指其在常规情况下站立时的标准做法,具体如下:

① 头部抬起,面部朝向正前方,双眼平视,下颌微微内收,颈部挺直。

② 双肩放松,呼吸自然,腰部直立,双臂自然下垂,处于身体两侧,手部虎口向前,手指稍许弯曲,指尖朝下。

③ 两腿立正并拢,双膝与双脚的跟部紧靠于一起,两脚呈"V"字形分开,两者之间相距约一个拳头的宽度。注意提起髋部,身体重量应当平均分布在两条腿上。

采取基本站姿后,从其正面来看,主要的特点是头正、肩平、身直;从侧面来看,其主要轮廓线则为含颌、挺胸、收腹、直腿(见图3-3)。总的来讲,采取这种站姿会使人看起来稳重、大方、俊美、挺拔。另外,还可以帮助呼吸,改善血液循环,并且在一定程度上减缓身体的疲劳。

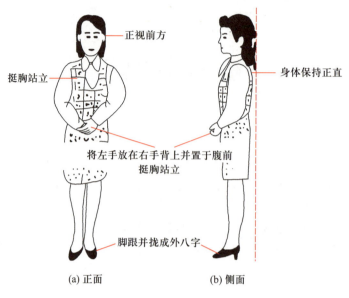

正视前方

挺胸站立

将左手放在右手背上并置于腹前
挺胸站立

脚跟并拢成外八字

(a) 正面

身体保持正直

(b) 侧面

图 3-3 基本站姿图示

站姿礼仪
规范

（2）工作中的站姿要求。与顾客谈话时，要面向对方站立，保持一定距离，太远或过近都是不礼貌的。站立姿势要正，可以稍弯腰，切忌身体歪斜，两腿分开距离过大，倚墙靠柱，手扶椅背等不雅与失礼姿态。站着与人交谈时，双手下垂或叠放下腹部，左手放在右手上；不可双臂交叉，更不能两手叉腰，将手插在裤袋里，或下意识地做小动作，如摆弄打火机、香烟盒、玩弄衣带、发辫、咬手指甲等。但可随谈话内容适当做些手势。

男收银员在站立时，要注意表现出男性刚健、潇洒、大方、干练的风采，力求给人以一种健康的美感。具体来讲，在站立时，男收银员可以将双手相握叠放于腹前，或者相握于身后。双脚可以叉开，大致上以与肩部同宽为限。

女收银员在站立时，则要注意表现出女性轻盈、妩媚、娴静、典雅的韵味，给人以一种文静的美感。具体来讲，在站立时，女收银员可以将双手相握或叠放于腹前；双脚可以在一条腿为直立的前提下，稍许叉开。

在为顾客服务时，不论是男收银员还是女收银员，都要特别注意，一定要在自己站立之时正面面对服务对象，切不可将自己的背部对着对方。这一点直接关系到收银员对顾客的尊重与否。

2. 坐姿规范

正确规范的坐姿要求端庄而优美，给人以文雅、稳重、自然大方的美感。坐是举止的主要内容之一，无论是伏案学习、参加会议，还是会客交谈、娱乐休息，都离不开坐。坐，作为一种举止，有着美与丑、优雅与粗俗之分。优美的坐姿会让人觉得安详、舒适、端正、舒展、大方。

标准的坐姿要求如下：

坐姿礼仪
规范

（1）入座时要轻、稳、缓。走到座位前，转身后轻稳地坐下。如果椅子位置不合适，需要挪动椅子的位置,应当先把椅子移至欲就座处,然后入座。

(2) 女子入座时,若是裙装,应用手将裙子稍稍拢一下,不要坐下后再拉拽衣裙,那样不优雅。在正式场合一般从椅子的左边入座,离座时也要从椅子左边离开,这是一种礼貌。

(3) 双肩平正放松,上身自然挺直,两臂自然弯曲放在腿上,或两手半握放在膝上,亦可放在椅子或是沙发扶手上,以自然得体为宜,同时手心都要向下。谈话时,可以侧坐,侧坐时上体与腿同时向一侧,要把双膝靠拢,脚跟靠紧。

(4) 坐在椅子上,要立腰、挺胸,上体自然挺直,双膝自然并拢,双腿正放或侧放,双脚并拢或交叠或成小“V”字形。男士两膝间可分开一拳左右的距离,脚态可取“小八字步”或稍分开以显自然洒脱之美,但不可尽情打开腿脚,那样会显得粗俗和傲慢。

(5) 坐在椅子上,应至少坐满椅子的 2/3,宽座沙发则至少坐 1/2。落座后至少 10 分钟左右时间不要靠椅背,时间久了,可轻靠椅背。

(6) 谈话时应根据交谈者方位,将上体双膝侧转向交谈者,上身仍保持挺直,不要出现自卑、恭维、讨好的姿态。讲究礼仪要尊重别人,但不能失去自尊。离座时要自然稳当,右脚向后收半步,而后站起。

3. 行走规范

行走的姿势极为重要,因为人行走总比站立的时候多,而且一般又都在公共场所行走,人与人相互间自然地构成了审美对象。行走时,步态应该自然轻松,目视前方,身体挺直,双肩自然下垂,两臂摆动协调,膝关节与脚尖正对前进方向。行走的步子大小适中、自然稳健,节奏与着地的重力一致。与女士同行,男士步子应与女士的保持一致。总之,走相千姿百态,没有固定模式,或矫健,或轻盈,或显得精神抖擞,或显得庄重优雅,只要与交际场合协调并表现出自己的个性,就应该是正确的。

行走礼仪
规范

从礼仪的角度,走路时应注意以下规范:

(1) 上身平直端正,稍向前倾(3°~5°),双目平视前方,两肩左右相平,不前后左右摇晃。

(2) 行走时,双手五指自然并拢,两臂以肩为轴自然摆动,前摆时肘关节稍微弯曲,后摆幅度不宜过大(30°~35°),不用力摔腕。

(3) 给顾客做向导时,要走在顾客前两步远的一侧,以便随时向顾客解说和照顾顾客。

(4) 双腿在行走过程中直而不僵,走步时,脚尖方向要端正,双脚沿直线平行向前,步幅不宜过大,步频不宜过快。

(5) 在走廊、楼梯等公共通道内,店内员工应靠左而行,不宜在走廊中间大摇大摆。在单人通行的门口,不可两人挤出挤进。

(6) 在任何地方遇到顾客,都要主动让路,并微笑着做出手势“您先请”,千万不可与顾客抢行。

(7) 在走廊行走时,一般不要随便超过前行的顾客;如需超过,首先应说声“对不起”,待顾客闪开时说声“谢谢”,再轻轻穿过。

4. 手势规范

收银工作中,收银员在与顾客交谈时经常要用到一些手势。因此,正确使用手势可以给顾客带来更好的服务。规范的手势要求如下:

手势礼仪
规范

(1) 指引手势。五指并拢,掌心朝上,手臂以肘关节为轴,自然从体前上扬并向所指方向伸直(手臂伸直后应比肩低),同时上身前倾,头偏向指示方向并以目光示意。

(2) 交谈手势。与人交谈使用手势时,动作不宜过大,手势不宜过多,不要用拇指指向自己(应用手掌轻按左胸),不要击掌或拍腿,更不可手舞足蹈。

运用手势时还要注意与眼神、步伐、礼节相配合,才能使顾客感觉到这是一种"感情投入"的热诚服务。

(3) 递接物品的手势。工作过程中,递送顾客物品时应注意的礼仪规范是:

① 双手为宜。双手递物于顾客最好,显示礼貌尊重;不方便双手并用时,也要采用右手递送,以左手递物被视为失礼之举。

② 递于手中。递给顾客的物品,不再转交,以直接交到对方手中为好。

③ 主动上前。若双方相距过远,应当主动走近顾客,方便顾客拿取。

④ 方便接拿。在递物于顾客时,应当为对方留出便于接取物品的地方,不要让其感到接物时无从下手。

⑤ 正面朝向对方。将带有文字的物品递交他人时,还须使之正面朝向对方。

⑥ 尖、刃内向。将带尖、带刃或其他易伤人的物品递与他人时,切勿将尖、刃直接指向对方,合乎礼仪的做法是应当使其朝向自己,或是朝向他处。

(4) 接取物品的手势。接取顾客递来的物品时应注意的礼仪规范是:

① 应当目视对方,而不要只顾注视物品。

② 一定要用双手或右手,绝不能单用左手。

③ 必要时,应当起身而立,并主动走近对方。

④ 当顾客递过物品时,要用双手前去接取,切勿急不可待地直接从对方手中抢取物品。

5. 行礼规范

行礼规范

(1) 行礼的分类。常用的礼节性行礼一般有两种:

① 15°礼。15°礼用于打招呼,常用在回应顾客"好的"和"让您久等了",或向顾客表示感谢惠顾时,也就是对顾客说"欢迎光临"和"谢谢"时均可使用这种行礼的方式。行礼时,两腿自然并拢,两手握着放在身前,上身向前倾,同时脸上要带着微笑,给人一种自然亲切的感觉。

② 45°礼。45°礼是最客气、最表敬意的行礼。在向顾客致敬或处理顾客抱怨问题的时候,可以配合使用这种礼节。

(2) 行礼的要求

① 以基本姿势站立。

② 行礼时,须始终注视对方的眼睛(不可过于僵硬地盯着对方。除了亲切的眼神,还要有随和的感觉),上身倾斜15°时看对方的肩膀,上身倾斜45°时视线移至1米前的地板上,如图3-4所示。

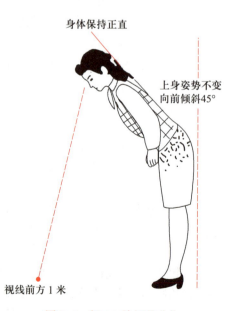

身体保持正直

上身姿势不变
向前倾斜45°

视线前方1米

图3-4 行45°礼规范动作

③ 颈部要伸直,以腰部为支点,假想上身有一块板子支撑着,颈背要成一直线。垂头或驼背都不是优美的姿势。

④ 动作要有节奏,自然,不可心不在焉,否则会给人一种不尊重的感觉。

⑤ 速度要一致,上身前倾与抬起的速度要大约相同。速度过快让人觉得草率,太慢又让人觉得热情过度。

6. 表情规范

表情是人的面部动作所流露出的情感,直接影响着顾客的消费情绪。

(1) 微笑的礼仪规范。微笑即在脸上露出愉快的表情,是善良、友好、赞美的表示。人类最美好的表情就是微笑。在绝大多数交往场合中,微笑都是礼仪的基础。亲切、温馨的微笑能使不同文化背景的人迅速缩小彼此间的心理距离,创造出交流与沟通的良好氛围。

具体而言,微笑至少在以下几个方面发挥作用:

① 表现心境良好。只有心底平和,心情愉快,心理正常,善待人生,乐观面世的人,才会有真诚的微笑。

② 表现真诚友善。以微笑示人,反映出自己心地善良,坦坦荡荡,真心待人友善,而非虚情假意,敷衍了事。

③ 表现充满自信。只有不卑不亢、充满自信的人,才会在人际交往中为他人所真正接受。而面带微笑者,往往说明对个人能力和魅力确信无疑。

(2) 眼神的礼仪规范。借助眼神传递出的信息,称为眼语。眼语的使用一般涉及注视的方式、注视的部位和注视时间的长短。

① 合乎礼仪的注视方式是:

• 直视。即直接注视顾客,表示重视,适用于各种情况。如果直视对方双眼,即为对视,表示自己大方坦诚,关注对方。

• 凝视。即眼睛睁大,全神贯注地注视对方,表示专注,恭敬。

• 环视。即有节奏地注视不同的人或事物,表示认真,重视,适用于同时与多位顾客打交道,表示自己同等关注。

② 合乎礼仪的注视部位是:

• 双眼。时不时注视对方双眼,表示自己重视对方,这也叫关注型注视。

• 额头。注视对方额头至双眼形成的三角区,表示严肃、认真,也叫公务型注视。

• 眼部至唇部。注视两眼至唇部形成的倒三角区这一区域,也叫社交型注视。

• 眼部至胸部。注视这一区域,表示亲近友善,多用于关系亲密的爱人之间,也叫亲密型注视。

③ 合乎礼仪注视的时间是:

• 注视时间占交谈时间 30%~60%,低于 30% 会被认为你对他的交谈不感兴趣;高于 60% 则会被认为你对他本人的兴趣高于谈话内容的兴趣。

• 凝视的时间不能超过 4~5 秒,因为长时间凝视对方,会让对方感到紧张、难堪。如果面对熟人朋友、同事,可以用从容的眼光来表达问候,征求意见,这时目光可以多停留一些时间,切忌迅速移开,不要给人留下冷漠、傲慢的印象。

④ 眼神的不良表达方式有:

• 在别人讲话时闭眼,给人的印象是傲慢或没有教养。

- 盯住对方的某一部位"用力"地看,这是愤怒的最直接表示,有时也暗含挑衅之意。
- 浑身上下反复地打量别人,尤其是对陌生人,特别是异性,这种眼神很容易被理解为有意寻衅闹事。
- 窥视别人,这是心中有鬼的表现。
- 用眼角瞥人,这是一种公认的鄙视他人的目光。
- 频繁地眨眼看人,反复地眨眼,看起来心神不定,挤眉弄眼,失之于稳重,显得轻浮。

 活动训练

案例:

成都伊藤洋华堂有限公司是一家经营十分出色的零售企业。它之所以经营出色,生意红火,离不开对员工严格的管理。特别在接待顾客方面,企业规定了20条注意事项:

(1) 严禁闭目养神。

(2) 不得看书、看报。

(3) 不得打哈欠、打盹,靠在柜台上。

(4) 不得吃口香糖、剔牙。

(5) 不得与顾客争吵,感情用事。

(6) 不得说顾客、同事的闲话。

(7) 不得把笔、烟卡在耳朵上。

(8) 不得耻笑顾客。

(9) 工作时不得化妆、剪指甲。

(10) 顾客使用信用卡时,不得有厌烦的态度。

(11) 在处理顾客抱怨时,应首先考虑到顾客利益。

(12) 要熟知柜台的名称和方位。

(13) 在店内,不得两人并排走和勾肩搭背。

(14) 等候顾客时,不得把手插入口袋,背着手或把手插在胸前。

(15) 顾客在选购商品时,要走在顾客后面。

(16) 不得在顾客前议论其他店。

(17) 不得大声打电话,注意用礼貌用语。

(18) 应讲信誉,不得延误与顾客定好的日期。

(19) 不得以衣着、性格、金额多少来区分接待顾客。

(20) 应随时确认店内商品内容、柜台和店内举办的各种销售活动和情况,不明白时,及时询问。

思考:

这些规定对提升公司形象有什么作用? 作为一名收银员,按照行为举止规范要求对照一下,从站立、行走、坐、手势、行礼等方面,看看你是否都做到了?

活动 3.2.2 服务语言规范

 活动准备

　　通过到商场、超市等场所的实地观察或网上搜索,收集收银工作中常用服务用语,并按适用场景进分类整理。

 活动内容

　　1. 语言规范的概念

　　语言规范主要是指人们在社交、商务等活动中进行交流与沟通的符合礼仪要求的语言标准。

　　收银员工作的商场、超市是一个典型的商务环境,因此,在日常工作中要注意语言规范,要使用文明礼貌用语,不能像日常生活中那样说话随意,要讲究语言艺术。文明礼貌用语辅之以和蔼的微笑能产生很强的亲和力。美国零售业巨头沃尔玛要求收银员工作时要符合七个要求,包括说"请""您好""谢谢""对不起"等,礼貌用语就是沃尔玛成功的秘诀之一。

　　2. 收银工作服务用语

　　收银员工作中常用的服务用语见表 3-4。

表 3-4

收银员服务用语对照表

服务用语	服务禁语
对不起,我没听清楚,请您再说一遍,好吗	哎,你说什么,大声点
对不起,这事我不太清楚,我帮您问一下	没听说过,不知道,问别人去吧
您好,我来整理吧	别乱堆乱放
请稍候,马上就好	忙着呢,等会儿
这件事,我帮您找一下主管	这事我不管,你也别问我
您再考虑一下要不要,没关系	到底要不要,想好了吗
请您带好您的商品和小票,如果有问题请凭小票来解决	哎,你的小票,拿着
对不起,我这零钱不够了,请您稍等一下	你有零钱吗? 买东西也不带零钱
对不起,我先例行一下(止付)手续,请稍等	查一下给不给授权,等着
对不起,您的卡需要授权,时间可能长一些,实在不好意思	你的卡真麻烦,这么难刷
对不起,耽误您时间了	都是你耽误大家的时间
请您签字,请您出示身份证,请收好您的卡和身份证	签一下字,拿身份证看一下
对不起,麻烦您再签一次,好吗	不清楚,再签一次
对不起,这张卡暂不能用,已经列入止付名单,具体情况您可以向银行查询一下,好吗	你这卡上黑名单了,不能用

服务用语	服务禁语
对不起,您的卡银行没有给予使用授权,您是付现金,还是以后再来买	你的卡不能用,拿现金付款
对不起,按规定使用支票购物三天之后才可以取货,请您谅解	回去吧,三天后回来取货
对不起,我们已到了下班时间,不过您别着急,我给您把账结完	该下班了,快点
如果有问题,请尽快通知我们,请带好小票	有问题你找售后,我管不着
希望我的服务您能够满意	嫌我服务不好,你找别人

3. 服务用语在工作中的应用

规范的服务用语在收银工作中会起到良好的效果,会提高收银员的服务质量,会提升企业知名度,还会给企业带来回头客。因此,在日常收银工作中,收银员要根据不同的情况使用不同的服务用语。

(1) 当顾客前来结账时,要主动跟顾客打招呼:"您好! 欢迎光临! ""早上好! ""中午好! ""下午好! ""晚上好! "

(2) 当称呼顾客时,要根据顾客的性别、年龄不同,称呼顾客"先生""小姐""女士""大爷""大妈""阿姨"等。

(3) 当为顾客结账服务时,要做到唱收唱付服务:

"您的商品共计是 ×× 元。"

"收您 ×× 元。"

"找您 ×× 元,请拿好。"

(4) 当顾客结完账离开时,要主动欢送顾客:"请慢走,欢迎再次光临! ""谢谢,再见! "

(5) 当顾客排队等候时,应歉意地对顾客说"对不起,让您久等了! "如果确实让顾客久等了,应非常诚恳地向顾客说:"真是对不起,让您久等了。"并行鞠躬礼。

(6) 当被顾客催促时,应态度温和地对顾客说:"实在对不起,马上就好。""对不起,让您久等了。""请再稍等一下。"

(7) 当暂时离开收银台时,要将"暂停服务"牌放在收银台的醒目位置上,并礼貌地对后面来的顾客说:"抱歉,请您到其他款台结账。"同时,须告诉顾客离开的理由。

(8) 当重新回到收银台时,马上招呼临近款台正在排队的顾客到自己的款台结账,并抱歉地对顾客说:"真对不起,让您久等了! "

(9) 当顾客在叙述事情或接到顾客的要求时,不能默不吭声,必须有所表示,如"是的""好的""我知道了""我明白了"。

(10) 因工作疏忽给顾客带来不便时,要真诚地向顾客致歉:"实在对不起,抱歉……今后我会注意,请放心,请您原谅。"

(11) 希望顾客接受自己的意见时,要语气温和地对顾客说:"若是您喜欢的话,请您……"还可以说:"实在是很抱歉,请问您……"最后可以询问顾客的意见:"您的意思怎么样呢? "

(12) 当有顾客表示想要先结账时,要面带微笑,征求前面顾客的意见:"对不起,后面的那位顾客有急事,能不能先让他结账? "顾客同意时要真诚致谢:"谢谢您! "若顾客不同意时,则安慰想要先结账的那位顾客:"请稍等一下,很快就能排到您。"

(13) 当遇到顾客抱怨时,应主动向顾客致歉,并给予建议:"对不起! 您要的商品现在正好缺货,让您白跑一趟。您要不要先买别的品牌试一试?""请您留下您的电话和姓名,等新货到时我们马上通知您。"

(14) 当遇到顾客询问时,若清楚顾客的问题,应详细给顾客讲解;若解答不了顾客询问的问题,应略带歉意地对顾客说:"对不起,您问的问题我不太清楚。请您稍等一下,我去请主管或店长来为您解答。"

(15) 当有顾客怀疑商品有问题时,应以肯定、确认的语气告诉顾客:"您选的这样东西应该没有问题。如果您买回去不满意,可以拿回来退换。"

(16) 当遇到顾客要求包装礼物时,应微笑着告诉顾客:"请您先在收银台结账,然后到前面的服务台(同时应打手势,手心朝上指向服务台方向),会有专人为您服务的。"

(17) 当顾客询问特价商品的情况时,要先介绍一两种特价商品,同时出示宣传快讯给顾客看,并告诉顾客:"这里有详细的特价商品内容介绍,请您慢慢参考选购。"或是"您好,在 ××× 处贴有特价传单,您可以参考……"

(18) 遇到了熟悉的老顾客时,应微笑着对顾客说:"谢谢您,欢迎您再次光临本店。"并面对顾客点头示意。

(19) 当有顾客吃未结账的商品时,要委婉地对顾客说:"对不起,本店有规定,没有结账的商品不能食用,请您付款后再食用,好吗?"

(20) 当顾客携带现金不足以支付货款时,不要责备顾客,应态度诚恳地对顾客说:"看一下,您还有别的支付方式吗? 比如银行卡、支付宝或微信等?"如顾客没有其他支付方式,则建议说:"您是否只选择其中一部分急用的商品? 其他商品等下次来再买。"

(21) 当发现顾客有焦虑,焦急的表情,或者有不舒服等症状时,应主动上前询问:"小姐 / 先生,请问有什么可以帮助您的吗?"或"小姐 / 先生,您需要什么帮助吗?""小姐 / 先生,您是否有些不舒服,我能为您做点什么吗?"等。

(22) 当有顾客的商品散落地上时,应该主动上前,弯腰或下蹲帮助顾客收拣商品,并关切地说道:"没伤到您吧,您要小心点,我来帮您……"而不应该装作什么都没看见。

(23) 当发现顾客有生鲜商品未计价时,应礼貌地告知顾客:"您好,×× 商品没有计价,请(麻烦)您去 ×× 地方计价"或是"您好,×× 商品没计价,我请人帮您去计价,请您稍等候"。

(24) 当发现顾客有开单区的商品未结账时,不要埋怨顾客,而应礼貌地提醒顾客:"您好,××商品没有结账,请(麻烦)您去 ×× 地方结一下账。""您好,×× 商品没有结账,请您去结一下账,先将其他商品放在这里,回来给您优先结账。"

(25) 当发现商品价格错误时,应礼貌地对顾客说:"对不起,×× 商品价格有误,我请人帮您去重新计价,请您稍等。"当商品重新计价回来时,应歉意地对顾客说:"实在对不起,这是我们工作的失误,让您久等了。"

4. 收银服务常用英语语句和对话

随着我国经济的快速发展和国际交流的日益增多,在我国学习和工作的外国人士越来越多。特别是在一些大城市的商场、超市里,经常会有外国人士前来购物消费。因此,收银员掌握一些常用的英语语句和对话是十分必要的。

（1）收银服务常用语句。

① 早晨好！

Good morning！

② 下午好！

Good afternoon！

③ 欢迎光临！

Welcome.

④ 欢迎再来！

Welcome again！

⑤ 祝您愉快！

Have a good time！

⑥ 谢谢您，请再次光临，希望您对我们的服务满意。

Thank you，Sir. Please come back.I hope you enjoy your stay.

⑦ 刷卡还是付现金？

Would you like pay by credit card or cash？

⑧ 你可以选择用支票支付。

You can pay by check.

⑨ 请问，多少钱？

How much，please？

⑩ 请问，您有零钱吗？

Excuse me，do you have any changes？

⑪ 你的钱正好。

Your money is just the amount.

⑫ 对不起，我们不收外币。

Sorry，We don't accept foreign currency.

⑬ 对不起，线路忙，您能付现金吗？

Sorry，the telephone line is busy，could you pay cash？

⑭ 非常感谢！

Thanks a lot.

Thank you very much.

⑮ 不客气。

Not at all.

You are welcome.

⑯ 这没什么。

That is all right.

⑰ 这是我应该做的。

It is what I should do.

⑱ 你觉得怎么样？

What do you think of?

⑲ 我非常同意。

I could not agree more.

⑳ 我有什么能帮助您的吗?

What can I do for you?

(2) 收银服务常用对话。

① 现金收银对话。

● 对话(A 收银员,B 顾客。下同)

A:Good morning,sir.

B:Good morning.

A:Would you like pay by credit card or cash?

B:Cash. How much will this be?

A:Just a moment,please. I will calculate that for you.You should pay me thirteen yuan.

B:OK.

A:Take you one hundred yuan,sir. Thirteen yuan from one hundred yuan,leaves eighty seven yuan. Please count it,sir.

B:Thank you.

A:Thank you,sir. Please come again. I hope you enjoy your stay.

● 翻译

A:早晨好,先生。

B:早晨好。

A:您是刷卡还是付现金?

B:现金。多少钱?

A:请等一下,我算算看,您应该支付 13 元。

B:好的。

A:收您 100 元,减去 13 元,应找您 87 元,请您点一下数目。

B:谢谢。

A:谢谢您,请再度光临,希望您对我们的服务满意。

② 信用卡收银对话。

● 对话

A:Good afternoon.

B:Good afternoon.

A:Please wait for a moment. Let me see. It'll be 658 yuan.

B:OK.

A:Would you like pay by credit card or cash?

B:Well,I'd like to use credit card.

A:Please wait.Now please input your password.

B:OK.

A：Please sign your name here.

B：OK.

A：Thank you. Welcome again.

- 翻译

A：下午好。

B：下午好。

A：请等一下，我算算看，您应该支付 658 元。

B：好的。

A：您是刷卡还是付现金？

B：我用信用卡吧。

A：请等一下，您可以输入密码了。

B：好的。

A：请您在这签上您的名字。

B：好的。

A：谢谢。欢迎您再来！

③ 收错账款处理对话。

- 对话

A：Good morning, sir.

B：Good morning. Could you check it for me again?

A：Let me see, what is wrong with it?

B：I think there is a mistake in the bill.

A：I am sorry. I'll check it again. Please wait for a minute.

B：OK.

A：I am so sorry. It is our fault, and we will correct it right now.

B：Yes.

A：Thank you. Please come back. I Hope you enjoy your stay.

- 翻译

A：早上好，先生。

B：早上好，你能再核对一次吗？

A：让我看看，有什么问题吗？

B：我觉得收银小票有错误。

A：十分抱歉，我再核对一次。请稍等一下。

B：好的。

A：十分抱歉，这是我们的错误。我马上为您改过来。

B：好的。

A：谢谢您。请再次光临，希望您对我们的服务满意。

④ 处理顾客询问对话。

- 对话

B：Excuse me.

A：Yes?

B：I haven't found any salesman, so I have to turn to you.

A：What can I do for you?

B：I want to buy some sweets and cakes. What can I find them?

A：Well, turn right, you should go to the confectionary where you can find all sorts of sweets. After all, you come here and pay for them.

B：Thanks.

A：You are welcome.

- 翻译

B：麻烦你一下。

A：什么事情?

B：我没有看到售货员,所以只有问你了。

A：我有什么能帮助您的吗?

B：我想买一些糖果糕点,放在哪里啊?

A：好的。您向右转,可以看到糖果部,就可以选购各种各样的糖果,然后到这结账。

B：谢谢。

A：不客气。

 活动训练

在收银技能实训室里,设计不同的收银场景,练习如何使用恰当的服务用语接待顾客。在训练过程中,要调整不同服务方式时的音量、语调、语速和语气;要结合仪容仪表规范、行为举止规范等礼仪知识来增强服务用语的表现力。

收银作业流程

　　收银工作是商场、超市等商品零售企业最重要的工作之一,是维系企业正常运营和获取经济效益的重要保障。收银工作的主要业务就是收取企业的销售货款,包括现金、银行卡、支票、优惠卡／券等,因此收银员在日常工作中一定要熟悉不同支付方式下的收银业务操作程序。熟练掌握收银业务操作技能和业务流程,对于提高收银工作效率和收银工作质量起着至关重要的作用。

营业前收银作业准备

 活动 4.1.1 上岗前准备

 活动方式

在收银技能实训室里,熟悉收银设备和物品,分组进行收银作业前各项准备工作的模拟实训。

 活动准备

在收银技能实训室里,做好以下准备工作:

(1) 检查收银设备运行所需的电源是否正常。

(2) 配备收银机、扫描器、点钞用具、卷式发票、购物袋、消磁用具、现金布袋、常用指示牌等收银设备设施或物品。

(3) 在货架上备足实训用商品。

 活动内容

1. 收银作业常用术语

(1) 商品。商品是指商场、超市等零售企业卖场内货架上陈列的、等待出售的物品。顾客必须在收银台付款结账后方能取走自己选购的商品。

(2) 赠品。赠品是指商场、超市自身或供应商在卖场内提供给顾客的免费产品。赠品一般在产品本身的外包装明确有"非卖品""试用(或吃、饮)装""赠品"等标志,或是与商品进行捆绑包装销售的物品。

(3) 已付款商品。对于家电、精品、香烟、酒类等专柜销售的部分商品,顾客在其专柜收银机上已经付款结账,在出口处收银台不需要再另行付款结算。已付款的商品有发票或收银小票为凭证,并符合特定的包装。

(4) 未付款商品。一是指顾客在结账时因某种原因放弃购买的,存放于收银台内的商品;二是指由于收银员工作失误或顾客疏忽大意没有扫描结账,被报警追回的商品。前者必须放置在收银台指定位置;后者追回后重新扫描结账。

(5) 现金。专指现钞,即狭义上的现金——人民币,是顾客购物结算时采用的一种支付方式。收银员直接接受人民币现金付款结算时,须执行现金收款程序。

(6) 银行卡。由银行发行的、具有支付功能的磁卡,分为信用卡和借记卡两种。银行卡可以购物消费,收银员直接接受银行卡付款结算时,须执行银行卡收款程序。

(7) 储值卡。又称购物卡,是零售企业为促进销售、方便顾客购物而发行的企业内部卡,可代替现金购物消费,属于顾客结算的一种支付方式。收银员直接接受储值卡刷卡结算时,须执行储值卡收款程序。

(8) 支票。属于转账支付凭证,一般是具有银行户头的团体消费者采用的支付方式。收银员不能直接接受支票付款结算,必须在收银主管的授权下,在指定收银台按指定程序进行操作。

(9) 会员卡。会员卡是实行会员制的零售企业为鼓励消费而发行的表明会员身份的卡片,一般分为折扣价会员卡和会员价会员卡两种。会员卡本身不含有资金,不能单独使用,只能作为会员凭证与以上几种支付方式同时使用。

(10) 零用金。也叫备用金,是指营业前收银机钱箱内需要准备用于找零的一定数额的周转资金。零用金维系着每个收银机结算业务的正常运转,由总收款室负责准备。

(11) 购物袋。购物袋是指用以包装商品的塑料袋。购物袋属于有偿使用。

(12) 暂停收银。暂停收银是指在营业期间,收银员暂时离岗停止收银作业。暂停收银时,需要提前将"暂停收银"牌朝着顾客排队结账的方向示出,以免顾客继续排队结账。

(13) 销售小票。即商品销售凭证,是指由商场营业员开出的,顾客购物时用来在收银台付款结账的凭证。销售小票通常为两联,一联为柜组留存,另一联为收银台留存。它主要包括商品编码、商品名称、售价、数量、金额等信息。

(14) 收银小票。又叫电脑小票,即收银机打印出的商品销售清单。顾客付款结账后,收银机会依据商品的扫描顺序打印出一份商品销售清单,包括商品编码、商品名称、单价、数量、金额等信息。不提供销售发票的超市,必须给每一位付款后的顾客提供与其所购商品相符的收银小票。

(15) 销售发票。销售发票是指零售企业在销售商品确认收入时给顾客开具的收款凭证。国家规定:凡从事商业经营的单位和个人向消费者销售商品时,销售额在 10 元(含)以上的,无论消费者是否索要发票,都必须逐笔按规定开具发票。

(16) 发票中心。不能够打印销售发票的零售企业设立的、为顾客开具发票的服务中心。商场、超市的发票中心一般设在总服务台。

  2. 收银作业前的准备工作

  商场、超市等零售企业每日开门营业前,收银作业区内需要做好以下准备工作。

  (1) 清洁整理收银作业区。营业前,收银员应对收银台及其周边区域进行认真仔细的清洁整

理,清洁整理的范围包括:

　　① 收银台台面及侧壁。

　　② 收银机、扫描器等收款设备。

　　③ 收银台四周地板、垃圾桶等。

　　④ 收银台旁边的商品柜。

　　⑤ 购物篮、购物车放置处。

　　(2) 整理补充收银必备物品。收银作业所需要的物品主要包括:

　　① 点钞油、海绵缸。

　　② 发票、签购单、空白收银条。

　　③ 购物袋(各种规格)。

　　④ 消磁取钉器和 CD 取钉器。

　　⑤ 各式记录本及表单。

　　⑥ 胶带、胶水、干净抹布。

　　⑦ 笔、便条纸、剪刀。

　　⑧ 订书机、订书针。

　　⑨ 现金布袋。

　　⑩ "暂停收银"牌以及其他的所需物品。收银员应对以上必备物品逐一清点,如有缺失,应及时补充。

　　(3) 整理补充商品柜的商品。及时整理、补充收银台旁边商品柜上的商品,如口香糖、巧克力、电池、报纸等顾客随手选取的小商品。

　　(4) 检查收银员仪容仪表。收银台是企业的服务岗位,收银员的仪容仪表代表着企业的形象,因此,检查收银员营业前的仪容仪表是一个很重要的环节。其检查内容包括:

　　① 着装是否规范得体。

　　② 发型、仪容是否清爽整洁。

　　③ 胸卡佩戴是否到位,是否持证上岗。

　　(5) 熟悉当日促销活动的安排情况。商场、超市等零售企业经常搞各种各样的促销活动。作为一名收银员,在宣传、推广促销活动时应注意以下几点:

　　① 当顾客所购商品的金额已接近这次活动所需金额时,应提醒顾客再选购一些商品就可以得到这次促销活动的某种优惠或赠品。

　　② 应将当日促销活动的主要注意事项简要告诉顾客,如截止日期、所需的购物金额等。

　　③ 促销活动一般有"累计"计算和"不累计"计算之分。在"不累计"计算的促销活动中,应注意对此进行宣传,以避免与顾客之间因误会而导致的一些不愉快场面出现。

　　④ 应明确购物折扣的对象。如使用会员卡的购物折扣所包含的商品、会员卡与其他购物卡是否可以合并使用,购物折扣的有效日期等。

 活动训练

　　在收银技能实训室里,完成以下训练:

(1) 对收银作业区进行清洁整理。

(2) 根据收银实际需要,整理补充收银所需物品。

(3) 对收银机旁的商品柜上的商品进行整理补充。

(4) 检查仪容仪表是否符合收银作业要求。

(5) 熟悉促销活动的安排情况。

活动 4.1.2　检查收银设施设备

 活动准备

在收银技能实训室里,配备收银设施设备。检查 UPS 电源是否正常,检查与收银机连接的外接设备是否连接正常,检查网线连接是否正常。

 活动内容

1. 开机与登录

早班收银员打开 UPS 电源,检查各种线路及收银机外接设备连接是否完好,是否连接网线。检查完毕,分别打开 POS 收银机主机、小票打印机(热敏打印机)及相关设备电源,启动收银机设备。进入收银机桌面,双击"爱丁·银豹"收银系统图标,打开收银前台销售系统,进入收银员登录界面。

如果是第一次登录,需要先录入账号和密码(见图 4-1),以后登录后直接录入工号和密码即可(见图 4-2)。

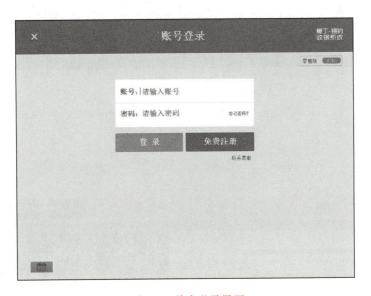

图 4-1　首次登录界面

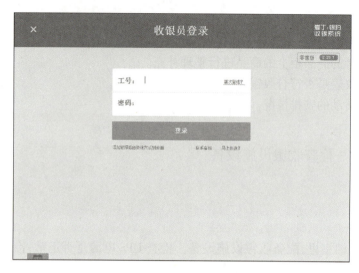

图 4-2　收银员登录界面

提示：

- 收银员工号一次只能在一台收银机上登录。
- 每位收银员都有唯一的员工号码和密码。
- 密码可以修改，但不能泄露。
- 工号及密码录入有误，系统会自动提示，重新录入工号及密码。

【用户名】及【密码】录入完毕后，点击【登录】按钮，进入"前台收银"操作界面（见图 4-3）。

图 4-3　"前台收银"操作界面

在"前台收银"操作界面中,收银员完成营业前的准备工作后,即可等待营业收款了。

2. 检查收银机运行情况

收银机开启后,收银员应认真检查收银机运行是否正常,主要应检查以下项目:

(1) 收银机主机运行是否正常。

(2) 主显示器与顾客显示器是否正常显示。

(3) 打印机装置是否正常。

(4) 机内的程序设定和各项统计数值是否正确或归零。

(5) 收银机与后台服务器连接是否正常。

(6) 网络信息传输是否正常。

3. 检查银联 POS 机和消磁系统

银联 POS 机和消磁设备是收银工作的重要设施,因此一定要做好营业前的各项检查,以免影响收银工作。检查的主要内容包括:

(1) 检查银联 POS 机的连线是否正常。

(2) 检查银联 POS 机是否放置了银行卡签购单。

(3) 检查消磁系统开机后是否可以正常工作。

4. 准备钱箱内的零用金

如各种面值的纸币或硬币。

 活动训练

在收银技能实训室里,完成以下训练:

(1) 启动并登录收银机。

(2) 进行收银机运行情况的检查。

(3) 检查银联 POS 机和消磁系统运行是否正常。

(4) 检查钱箱内的零用金是否充足。

任务 4.2

营业中收银业务处理

学习目标

通过本任务的学习,你可以达成以下目标:
- 熟悉商场与超市营业中收银业务操作程序
- 学会使用收银机及相关设备
- 熟练进行收银业务操作

 活动 4.2.1 商场收银业务处理

 活动准备

在收银技能实训室里,营造模拟商场营销环境,配备商场收银业务所需票据,如人民币票样、销售票据单等。同时,为配合收银员岗位操作,可另设营业员岗位进行销售凭证的开具。

 活动内容

商场通常实行开放式售货经营,顾客是凭营业员开出的销售凭证到收银台进行购物结算的。因此,收银员应按照收银作业程序接待顾客,为顾客提供结算服务。商场收银作业流程如下:

1. 欢迎顾客

收银员看到有顾客前来收银台前交款结算时,应面带笑容,主动问候顾客:"您好,欢迎光临!"双手接过顾客的销售小票,并检查小票填写是否规范。

2. 录入商品

如顾客使用会员卡,收银员应先刷顾客的会员卡,按会员优惠(如积分、打折等)进行结算。然后根据顾客交来的销售小票,将商品编码快速准确地录入收银机。收银机会自动调出商品的名称、规格、售价等信息。

如果顾客购买的同类商品数量仅为一件,系统会自动默认;如果不是一件,可在销售界面录入相应的数字,然后按【回车】键,也可以在录入商品编码时,直接录入数量和编码。如使用的会员卡可以打折,刷卡后会员卡折扣会自动显示;如使用的会员卡只积分不打折,则根据销售小票直接录入商品金额。录入完毕,收银机自动计算出应收款金额,然后告知顾客"您共计消费

××元"。

3. 唱收钱卡

（1）收银系统默认的收款方式为现金结账。顾客用现金付款,收银员应双手接过顾客递交的现金,当着顾客的面迅速准确地清点现金,并检查是否有伪钞或残损钞票。确认金额无误后,声音清晰地对顾客唱收"共收您××元"。

（2）当顾客持银行卡结算时,收银员应直接在银联 POS 机上进行刷卡。刷卡后,根据 POS 机提示确认银行卡卡号,然后录入并确认交易金额,根据提示选择密码录入方式,待顾客录入密码后,POS 机自动完成交易。收款操作完成后,则应进行交易凭证打印,按【功能】键,选择【1.交易打印】选项后,选择【1.末笔】,即打印最后一次的交易凭证。

提示:

- 如果因交易错误等原因需要撤销交易时,则按【菜单】键后选择【2.撤销】,根据提示录入主管密码;按【确认】键,录入原交易凭证号并确认原交易金额;进行刷卡并确认卡号,选择密码录入方式,录入密码后,POS 机自动完成撤销操作。
- 银联 POS 机具有银行卡余额查询功能,如顾客要求查询余额,则按【菜单】键后选择【3.查询】,进行刷卡并确认卡号,录入密码后,即可显示银行卡余额。

（3）如果有顾客持赠券付款结算时,收银员应迅速准确地点清所收赠券的数量并同时检查赠券的真伪、票面、有效期和折扣范围,然后对顾客唱收:"共收您赠券××张"。录入优惠折扣的金额后,收银机自动计算出需要补收的现金金额,然后告知顾客:"您共计消费××元,折扣优惠××元,应再收您××元"。如遇过期赠券按作废处理,特殊情况上报收银主管,待批复后再做处理。

（4）随着手机移动支付等现代结算方式的使用,大部分商场收银台及时更新结算系统,接受顾客采用支付宝、微信支付进行结账。当收银机计算出顾客的消费金额时,收银员直接扫描顾客手机中支付宝或微信支付的支付码即可进行结算处理。

4. 打印发票

按顾客实际交付的钱数录入实收金额,按【回车】键,钱箱打开,收银员收款的同时收银机自动打印销售发票。

5. 唱付找零

收银员将顾客交付的现金按票面数额分类放入钱箱,找出零钱,关闭钱箱;然后双手将找零现金或银行卡及其交易凭证,以及发票或销售小票等一并交给顾客,同时唱付:"找您××元,请拿好"。

（1）找零的技巧。找零时应按最大面值的现金组合为顾客找零,以节约零钱。例如,找零数字为 34.50 元,所找零钱的最佳组合应为:一张 20 元纸币、一张 10 元纸币、两张 2 元纸币和一张5 角的纸币或一个 5 角的硬币。当然,在实际操作中还需根据钱箱中所备的零钱情况灵活处理。

（2）找零应注意如下问题:

① 当值的收银机必须随时保持足够的零钱用于找零。零钱不足时,应立即向收银领班申请兑换零钱,不能私自向其他收银员兑换、暂借零钱,或用私人的零钱垫付。

② 该找给顾客的零钱,必须如数找零,不能用小糖果、口香糖或其他小礼品等代替零钱。如

遇零钱不足、无法找零时,收银员可以礼貌地询问顾客有无零钱。如顾客没有,则礼貌地告知顾客稍等,然后迅速地兑换零钱后找给顾客。

③ 如遇硬币不足或不凑巧时,收银员要宁愿多找零钱,也不能嫌麻烦而少给顾客找零钱。例如,应找给顾客 0.40 元,但 1 角的硬币只有 3 个,此时应找给顾客 0.50 元,而不是 0.30 元。

④ 对于顾客不要的少量硬币,收银员应将其放在收银机银箱的外面。当以后找零如果硬币不够数时,可以以此充数。

⑤ 如顾客对所找的零钱有特殊要求,收银员应尽量满足顾客的要求,不能够满足时也要耐心解释,不能一口拒绝顾客。

⑥ 如顾客对所找的零钱不满意,如票面破旧或票面较脏等,收银员必须给予更换,即使钱箱已经关闭,而不能拒绝顾客或极力说服顾客接受。

6. 答谢顾客

在顾客转身离去的同时,收银员应主动向顾客表示谢意,如"谢谢光临""欢迎您再次光临"等。

 活动训练

在收银技能实训室里,进行以下训练:

收银员根据营业员开具的销售凭证、完成欢迎顾客、录入商品、唱收钱卡、打印发票、唱付找零、答谢顾客等商场收银流程的操作。

 活动 4.2.2　超市收银业务处理

 活动准备

开启收银机,根据超市收银业务的特点,准备不同面额的模拟实训用纸币,带条形码(收银机可扫描的)商品,商品消磁设备,购物袋,卷式收银发票或小票等收银设备及物品。

 活动内容

"自选"是超市的主要经营特色。在一个相对封闭的销售区域内,顾客可以随意挑选、比较、选购自己喜欢的商品,然后带着自己选购的所有商品到出口处的收银台一次性付款结账。

由于超市以经营生活日用品和生鲜食品为主,主要满足人们日常生活所需的购物需求,一次性消费数量不多,中老年顾客不习惯使用银行卡刷卡消费,而年轻顾客则以支付宝、微信支付等移动支付方式为主。因此,在超市购物消费的顾客多以现金付款结算为主。收银员应按照超市收银作业流程接待顾客,为顾客提供结算服务。

超市收银作业流程与商场收银作业流程大体相同,包括如下几个环节:

1. 欢迎顾客

当有顾客前来收银台前结账时,收银员应面带笑容,主动向顾客问候:"您好,欢迎光临!"

2. 扫描商品

收银员应首先帮助顾客将商品摆放在收银台的前端,询问顾客是否持有会员卡。如顾客持有会员卡,应先刷会员卡,然后再扫描商品。

扫描时,手持扫描枪逐一扫描商品条形码(或是手拿商品对准激光平台逐一扫描),将商品信息录入收银机。商品扫描完的要放在收银台的后端,与未扫描的商品分开,以免混淆。对于扫描例外的商品,应使用小键盘手工录入商品条码和数量信息,录入时要认真、仔细,做到准确无误。

扫描完毕,注意查看显示器显示信息与顾客选购的商品是否相符,并注意核对在开单区已交款的商品。询问顾客是否还有其他商品,同时留意顾客的手中和购物车(筐)内是否还有遗漏扫描的商品。

3. 商品消磁

收银员扫描商品的同时,要对商品进行消磁作业。所有商品必须经过收银台上的消磁板消磁,消磁时要在消磁板上翻转商品,进行彻底消磁。对采用硬防盗标签的商品,要在不损坏商品的前提下消磁,每扫描一件商品就用开锁器取一个防盗磁扣,并将其收好放在指定位置,以便再次利用。

4. 唱收现金

主动询问顾客是否需要购物袋,如顾客需要,则视商品多少确定使用购物袋的数量,并将购物袋的费用录入收银机。按【回车】键,查看收银机显示的应收款金额,然后告知顾客"您共计消费 ×× 元"。

顾客用现金付款的,收银员应双手接过顾客递交的现金,当着顾客的面迅速准确地清点现金,并检查是否有伪钞或残损钞票。确认金额无误后,声音清晰地对顾客唱收"共收您 ×× 元。"

现金收银操作界面如图 4-4 所示。

图 4-4 现金收银操作窗口

> **提示：**
> - 顾客如果以银行卡、赠券等结算,可参照前述商场收银业务操作流程进行操作。
> - 顾客如使用手机支付宝或微信支付结账时,收银员直接扫描顾客手机上的支付码即可进行结算。

5. 商品装袋

商品扫描消磁完毕,在顾客取钱的过程中,不论顾客使用有偿购物袋还是自备的购物袋,收银员都应主动为顾客提供商品装袋服务。商品装袋时要按照装袋的原则与标准装入相应的购物袋中。

6. 打印发票

录入顾客实际交付的现金数额,按【回车】键,钱箱打开,在收银员收款的同时收银机自动打印发票。不打印销售发票的超市,要主动为顾客打印收银小票。

7. 唱付找零

打开钱箱,收银员将所收的整钞放在钱格中,按最大面值的现金组合找出零钱,关闭钱箱;双手将找零现金、发票或小票一并交给顾客,同时声音清晰地对顾客唱付"找您 ×× 元,请拿好发票。"

8. 答谢顾客

在顾客转身离去的同时,收银员应主动向顾客表示谢意,如"感谢光临""欢迎您再次光临"等。

 活动训练

在收银技能实训室里,进行以下训练:

收银员在顾客带着所选商品来收银台结账时,完成欢迎顾客、扫描商品、商品消磁、唱收现金、商品装袋、打印发票、唱付找零、答谢顾客等超市收银流程的操作。

营业后资金的上缴与稽核

学习目标

通过本任务的学习,你可以达成以下目标:
- 明确资金缴款单的填写要求
- 弄清收银差异产生的原因
- 熟悉上缴营业款流程
- 能处理收银差异

 活动 4.3.1 上缴营业资金

 活动准备

准备不同面额的模拟实训用纸币、支票、银行卡签购单、优惠券、收银班结明细表等实训用品。在完成收银操作后,收银员将自己的营业款项进行结账,并与销售日结报表进行核对。

 活动内容

1. 填写缴款单

每班收银员下班时,应将自己当班期间所收的营业款项进行结账处理。将货款与销售"日结报表"核对无误后,根据货款的不同分别填制现金、支票、银行卡、优惠券的缴款单。缴款单一式两联,第一联由总收款室盖章后交给收银员,第二联由总收款室留存。缴款单上面的日期、交款单位、收银员工号、姓名、资金来源、金额、收银台编号应分别填写清楚完整。

不同资金的缴款单按不同的要求分别填写:

(1) 现金。根据现金实收数额填写"现金缴款单"。如有长短款,长款须填写"长短款报告单"并上缴;短款则由收银员自己负责补齐。

(2) 银行卡。根据 POS 签购单的数量填写"银行卡缴款单",在"类别"一栏注明银行卡的类别。

(3) 优惠券。根据出券单位的不同分别填写"优惠券缴款单",并在"备注"一栏注明收银台编号和出券单位的名称。

2. 上缴营业款

（1）收银员将收银机内的现金、银行卡签购单、优惠券等清点清楚，分别填写好缴款单，一并装入现金钱袋中，送往总收款室。

（2）至少两人以上或在保卫人员的护送下走指定路线缴款。缴款时要提高警惕，不得在中途嬉戏打闹，停留聊天，大声喧哗。

（3）收银领班要在收银员缴款时维持秩序并负责安全等工作，在本班（组）收银员未缴完款时不得擅离职守。

（4）总收人员收取收银员上缴的现金钱袋，记录缴款收银员的收银机号码和缴款时间。

（5）打开现金钱袋，将现金、银行卡签购单、优惠券的相关缴款单分开，分别处理资金和相关单据，并登记"收银班结明细表"（见表4-1）。

表 4-1

收银班结明细表

年　月　日　时　分

公司名称：　　　　　　　　总收款室负责人：　　　　　　　收银主管：

收银机号	时　间	支　票	银行卡单	其他有价证券
编　号	项　目	面　值	数　量	金　额
		100.00	张	
		50.00	张	
		20.00	张	
		10.00	张	
		5.00	张	
	现　金	1.00	张（枚）	
		0.50	张（枚）	
		0.10	张（枚）	
		金额合计		元
		初点人	复核人	
		（1）银行卡单	张	
		（2）优惠券	张	
	非现金	（3）其他		
			张	
			张	
			张	

		张	
	非现金合计		元
	登记人		
总计			元
复核金额			元

续表（右上角标注）

（6）安排专人复核所有现金和相关单据的处理工作是否正确。

（7）将现金、银行卡签购单、优惠券等归类存放于指定位置。

 活动训练

在收银技能实训室里，分角色扮演收银员和总收款室工作人员，完成以下训练：

（1）由收银员填写缴款单、长短款报告单等，将现金、银行卡签购单、优惠券等清点清楚，一并送往总收款室。

（2）总收款室工作人员进行营业资金收款操作，填写"收银班结明细表"。

 **活动 4.3.2　收银稽核与差异处理**

 活动准备

在收银技能实训室里，将学生进行分组，分别扮演收银员和总收款室工作人员；在现金缴款单、收银班结明细表中提前设错。

 活动内容

1. 收银稽核的目的

收银作业中的每一个步骤、每一个环节，都是为了让商场、超市等零售企业在现金管理上有良好的制度和规范。但是，良好的制度如果不能予以有效地执行，尤其是工作中人为疏忽或是舞弊行为，都将会影响到企业的经营和发展。为了及时发现收银作业中的人为弊端，矫正收银员在工作中的不良习惯及错误的操作程序，商场、超市等零售企业应设立专门人员负责进行收银稽核管理。

2. 收银稽核的内容

（1）收银作业抽查。为了考核收银员在为顾客提供结算服务中的工作表现，稽核人员（或店长）每天应在不固定的时间随机抽查收银作业情况。抽查项目包括：

① 检查每个收银台的必备物品是否齐全。

② 检查每位收银员的服务礼仪是否良好。

③检查每位收银员是否遵守"收银员作业守则"。

④检查收银机结出的营业款总数与实收金额合计是否相符,并将检查结果登录在"收银机抽查表"上。

⑤核对总营业金额,与该收银台"折扣记录单"记录的总额是否相符,以及稽核收银员是否私自给予顾客过多的折扣额。

⑥检查收银机内各项密码及程序的设定是否有更改,以免收银员利用收银机进行舞弊。

(2)清点金库现金。清点金库内所有现金及准现金的总金额,并与"金库现金收支本"登记的总金额对照看是否相符。其清点范围除了大钞现金之外,还应包括小额现钞及零钱袋。此项稽核作业可以避免负责金库的相关主管人员挪用公款。

(3)检查每日营业结算明细表的正确性。每日结完当日营业总账后,必须将单日营业的收入情形予以记录,编制"营业结算明细表",以作为相关部门在执行会计作业时的依据。因此,"营业结算明细表"编制的正确与否,将影响到店内各项财务资料的计算以及日后营业方向的参考。

(4)核对"大钞预收记录本"与"金库现金收支本"。营业当中,每台收银机过多的现金大钞按规定必须提前收回金库保存,这就是收银作业中的大钞预收环节。每次预收的现金大钞,必须依据"大钞预收明细登记表"登记"大钞预收记录本",同时登记"金库现金收支本"。

由于前者是由收银员与收银主管对点记录,而后者则是由总收人员负责登记的明细账簿。因此,稽核人员必须检查"大钞预收记录本"与"金库现金收支本"的记录是否相符,以防大钞预收环节出现纰漏,同时查核相关人员对于现金收支的处理是否诚实。

3. 收银差异处理

收银差异是指收银员所收的货款金额与收银机系统中记录的金额总数之间出现的差异。收银差异有正差异和负差异两种:当所收货款金额大于收银机系统中的金额时,为正差异即长款;当所收货款金额小于收银机系统中的金额时,为负差异即短款。无论是长款还是短款,都属于工作上的失误。

(1)收银差异产生的原因。收银差异产生的原因有多种情况,常见的有以下几种:

①收银员收款错误或找零错误。

②收银员没有零钱找给顾客或顾客没要小面额零钞。

③收银员误收假钞等。

④收银员不诚实,私拿钱箱里的营业资金。

⑤收银员操作时误将收银机的相关键按错。

⑥收银员在兑零的过程中出现错误等。

(2)收银差异的处理措施如下:

①发现收银差异必须在24小时内进行处理。

②超出一定金额的收银差异,必须在发现的第一时间报告安全部和收银部经理。

③收银差异的原因由总收款室进行查找,不能有合理解释的,收银员本人必须有书面解释。

④所有收银员的收银差异必须进行登记,计算差异率和差异总额。

⑤对于超出规定的收银差异,对相关收银员必须有警告处理。

(3)减少收银差异的相关措施如下:

① 加强收银员的业务培训,减少假钞带来的损失。

② 加强收银员的职业道德教育,杜绝因不诚实而引起的现金失窃。

③ 加强收银作业的规范服务,减少因收款、找零等环节错误而带来的损失。

④ 加强收银区域安全防范管理,对收银员的工作进行有效的监督。

⑤ 加强营业高峰和节假日的大钞预收工作,减少收银机的现金累计,减少现金被盗的机会。

 活动训练

在收款技能实训室里,分角色扮演收银员和总收款室工作人员,完成以下训练:

(1) 抽查收银员的收银作业情况。

(2) 检查现金缴款单、收银员班结明细表等填写的准确性。

(3) 检查大钞预收记录本与金库现金收支本填写的准确性。

(4) 共同分析收银差异产生的原因。

(5) 对检查出的收银差异进行规范性处理。

单元 5

收银相关业务

内部控制是衡量现代企业管理的重要标志,通过实践得出的结论是:一个企业得控则强,失控则弱,无控则乱。内部控制的目标是确保企业资产的安全性,经营活动的效果性。收银工作就是天天与资金、商品打交道,如不强化管理,相应的问题就会浮现出来。因此,必须有一套切实有效的内部控制制度和措施来规范工作程序,以加强企业营业资金、收银设备和商品销售的安全管理。

处理好商品的退换货业务,尽量减少收银差错等,是商场、超市等商品零售企业提高服务质量的一项重要内容,对于企业的经营发展和树立良好的信誉有很大的促进作用。

安全管理最重要的就是要注重事前防范,要强化包括收银员在内的每一位员工的安全意识,使其熟悉并掌握各种应急事件的处理措施,从而做到一旦发生突发事件,能够不慌不乱,冷静处理,尽力保障人员安全,减少企业财产损失。

任务 5.1　总收款室业务

学习目标

通过本任务的学习,你可以达成以下目标:

- 明确总收款室的岗位职责
- 熟悉总收款室的相关管理制度
- 弄清总收款室的工作程序
- 明确收银机零用金管理的基本原则
- 熟练地完成收银机设零和兑零的操作

 活动 5.1.1 弄清总收款室工作程序

 活动准备

在收银技能实训室里,模拟建立总收款室工作制度和岗位管理制度,并配备实训用的总收款室专用器材,配备"总收款室专用器材借出(归还)表""大钞预收明细登记表""收银班结明细表"等。

活动内容

为配合收银工作的顺利开展,商场、超市等零售企业一般都设有总收款室。总收款室的主要业务是准确、准时地处理和结算企业每天的营业资金;计算并处理收款差异;与财务部和开户银行及时对账;为各收银台准备零用金;每天向企业管理层提供相关的收银情况报表和报告。

1. 总收款室岗位职责

(1)总收款室本着为前台一线服务的宗旨开展工作,严格按照规范程序进行业务操作。

(2)收取各收银台交回的现金交款单、支票、银行卡单、优惠券等单据;定期与财务部和开户银行对账。

(3)在规定时间内,及时为每台收银机兑换零钱,保证正常收银找零的需求。

(4)核对各收银台应收账款与实收款的差额,查明长短款金额,整理收款单据,监督营业资金及时入账,及时汇总上缴情况。

(5) 发放办公用品,保证各种信用卡打印凭条、POS 签购单及银行对账单等及时到位。

(6) 负责销售发票的领用、收回、检查等工作。

(7) 在规定时间内,收取各收银台交回的支票、银行卡单、优惠券等相关单据,并分类汇总填写进账单;对收回的支票、银行卡单、优惠券分别处理:

① 支票。收到收银台交回的支票后,首先核对支票内容是否填写齐全、正确,并对每张支票进行登记,然后交财务部。

② 银行卡单。收回的银行卡 POS 签购单,进行汇总整理并核对金额,无误后填写"银行卡汇计单",分别计算出总金额、手续费、净金额等内容,送交银行卡部,取回汇计单的回单送财务部入账。

③ 优惠券。查验收回的优惠券盖章是否清晰,汇总核对无误后填写内部"优惠券送存单",然后连同收回的优惠券一起送交财务部入账。

2. 总收款室岗位管理

(1) 进入总收款室的员工必须经过授权或临时授权,未授权的人员不能随便进入总收款室。

(2) 总收人员执行秘密原则,包括保险柜、金库门、计算机操作等密码,均不得泄露给其他人员或总收款室的其他同事。

(3) 总收款室的环境要安全可靠,包括门禁制度、防盗制度、资金存放、安全存款、资金安全进出等。

(4) 任何时候,现金处理不得单独一人操作,必须两人以上一起进行;任何时候,总收款室不得一人留守,全体班次人员必须同进同出。

(5) 总收款室最重要、最基本的工作原则是"准确原则",并实行"银行化"作业,对各项业务的处理必须具有 100% 的准确度。

(6) 银行卡签购单、支票、现金及备用的零用金,必须存放在不同的保险柜或在保险柜中分开存放。

(7) 当日的现金必须当日处理完毕,当天的工作必须当天完成。任何工作结束时,都应将所有现金放入金库保险柜中,工作台面上不得留有任何现金。

(8) 知道保险柜密码的人都必须登记在册,任何一人离岗时都必须及时更换密码。所有保险柜钥匙不得带出总收款室。

3. 专用器材管理

专用器材是指前台收银必备的验钞机、取钉器、计算器等收银员使用的专用设备和工具。其管理制度主要包括:

(1) 专用器材必须是当日营业前从总收款室借出,营业结束后归还总收款室。

(2) 专用器材放在规定的器材存放处,并按收银机号码进行编号。

(3) 总收款室设立专用器材的借出(归还)登记表(见表 5-1)。

(4) 专用器材仅供收银区专用,其他部门不能随意借用;维修时必须有维修登记和跟踪措施。

4. 总收款室营业前工作程序

(1) 早班人员到岗打开门禁系统,查看交接班记录。

(2) 与银行交接钱袋,清点无误后,按取袋卡给收银员发放零用金钱袋。

表 5-1

总收款室专用器材借出(归还)表

专用器材名称： 年 月 日

器材编号	借出时间	借出人	归还时间	归还人	备注

(3) 打扫总收款室的卫生,并整理各种单据。

(4) 发放发票及收银台办公用品,由收银主管签字。

(5) 发放当值的收银机钥匙,由收银主管签字。

5. 总收款室营业中工作程序

(1) 大钞预收并处理预收款。在营业期间,当前台收银机钱箱中的现金过多时,由总收人员在某一时间到前台收银机上预先收取大面额现金,称为大钞预收。

① 大钞预收的目的是:减少前台收银机中现金的积压数量;及时将现金返回总收款室;防止偷窃、抢劫等事件的发生,保证资金安全;空出银箱以便于收银员操作。

② 大钞预收的原则是:

• 授权原则。大钞预收只能由企业的总收人员或其他授权人员进行。

• 安全原则。收款和押送的过程中必须有保卫人员全程保护,以确保营业资金的安全。

• 监督原则。打开钱箱收款时,收银管理人员、保卫人员及收银员都必须在场,以起到相互监督的作用。

• 对应原则。收取的大钞必须装入专用现金钱袋内并放入保险箱中,且现金钱袋的号码应与收银机的号码一一对应。

• 时间原则。收取大钞后,应在第一时间安全押送到总收款室交接,中途不得作任何停留。

③ 大钞预收的程序是:

• 总收人员在总收款室领取现金钱袋。

• 在保卫人员的保护下到各收银台收取现金大钞。

• 收银员打开钱箱将现金大钞清点后交给总收人员。

• 总收人员将所收的现金大钞复核后装入钱袋封好。

• 将钱袋放入手提保险箱内。

• 做好收取记录,由相关当事人签字确认。

• 继续到下一收银机收取现金大钞。

• 最后将现金安全押送回总收款室。

总收人员预收现金大钞以后,为了明确预收金额和相关人员的责任,应填制“大钞预收明细登记表”,并由相关人员签字确认。“大钞预收明细登记表”的一般格式如表 5-2 所示。

表 5-2

大钞预收明细登记表

年　　月　　日　　时　　分

公司名称：　　　　　　　　　　　总收款室负责人：　　　　　　收银主管：

收银机编号	100元数量	金额	50元数量	金额	合计金额	初点人	复核人
1号							
2号							
3号							
4号							
5号							
6号							

(2) 将预收款及时存入银行。将已经整理好的现金如数交给前来收款的银行工作人员。由银行工作人员现场清点现金、填制现金缴款单并签字盖章。填制"收银员交款报告表"，与现金缴款单一起送交财务部入账。

 提示：

　　银行收款过程中任何人不准进出总收款室。

(3) 为各收银台提供兑零服务。在营业期间，根据前台收银员的需要，随时为收银员兑换零钱。兑零时双方要当场清点所兑现金，然后由双方签字确认。

(4) 定期抽查收银机发票、退换单或小票，及时与财务部和银行对账。

(5) 处理收银员班结交款业务。

① 当班收银员将收取的现金、支票、银行卡签购单、优惠券等清点清楚，填写缴款单，一并装入现金钱袋中，送到总收款室。

② 总收人员收取现金钱袋，记录缴款收银员的收银机号码和缴款时间。

③ 打开现金钱袋，将现金、支票、银行卡签购单、优惠券的相关缴款单分开，分别处理资金和相关单据。

④ 由两人负责清点现金，一人清点，另一人复核，将所有清点准确的现金按币值分类放好。

⑤ 填写"收银班结明细表"，并将现金、支票、银行卡签购单、优惠券等归类存放于指定位置。

⑥ 将相关数据录入系统进行储存与处理。

(6) 处理前台收银差异。

① 打印"收银员销售统计表"，与现金、支票、银行卡单、优惠券等资金逐笔核对，找出所有的收银差异。

② 查对收银差异产生的原因，明确责任。长款须填写"长短款报告单"并上交；短款也须填写"长短款报告单"，并由收银员负责补齐短款后上交。

③ 将处理结果在收银差异报表中进行记录，并上报企业管理部门。

6. 总收款室营业后工作程序

(1) 处理当天的营业资金。

① 及时处理晚班收银员上缴的现金钱袋,将现金、支票、银行卡签购单、优惠券等相关缴款单分开,分别处理资金和相关单据。

② 将所有现金清点准确,并按币值分类整理好;记录缴款收银员的收银机号码和缴款时间。

③ 将整理好的现金装入大钱袋,通知银行人员前来解款,并按规定手续与银行交接大钱袋。

④ 将有价证券等凭证放入保险柜中,总收款室不能有任何处于"开放式"存放的资金凭证。

(2) 汇总工作情况并填制相关报表。确保全天所有收银机、所有上岗收银员的各项收款信息已全部录入系统。打印出汇总后的相关报表,并由相关人员签字确认。

(3) 结束当天的其他工作。收银主管将所有收银机专用器具交回总收款室;收银主管将收银机钥匙交回总收款室;填写总收款室交接班日志;锁好保险柜,检查电子防盗系统是否正常,关闭电源,设置门禁及报警系统,然后下班。

 活动训练

在收银技能实训室里,完成以下训练:

(1) 熟悉岗位职责及相关管理制度。

(2) 完成收银专用器材的领用和归还,填写相关登记表。

(3) 完成营业中大钞预收的操作,填写相关登记表。

(4) 完成营业后班结收款的操作,填写收银班结明细表。

活动 5.1.2　处理零用金业务

 活动准备

在收银技能实训室里,准备相应的不同币值的模拟用货币、零用金登记表、兑零运营表等。

 活动内容

总收人员负责准备、盘点收银机每日的零用金,并且负责零用金的安全管理。任何人不得随意挪用收银机零用金。

1. 零用金管理原则

(1) 收银主管统一设置所有收银机零用金。

(2) 总收人员为所有收银机准备零用金。

(3) 总收人员营业前为收银员发放收银机零用金。

(4) 收银主管和总收人员按要求给收银员兑换零钱。

(5) 每日营业后将次日所需的零用金装入零用金专用钱袋以备次日使用。

2. 设零原则

(1) 相同原则。所有收银机在任何时间设置的起始零用金相同。

(2) 起始原则。收银机在重新上岗前必须重新设置起始零用金。

(3) 授权原则。起始零用金只能由收银主管设置并接受保卫人员的监督。

3. 收银机设零操作

设零是指收银员上岗前(包括每日营业前和营业间重新上岗前),必须设置一定数额的起始零用金,并将设置好的零用金放在收银机的钱箱内。每台收银机的起始零用金是相同的。

(1) 设零的目的是:为了保证商场、超市营业时,所有收银机可以进行收款找零结算服务。

(2) 设零程序是:上岗前领取起始零用金;当面清点准确并放入钱箱;关闭收银机钱箱。

(3) 设零的币值组合。常用作收银机零用金的货币币值清单如表5-3。

表5-3

收银机零用金的货币币值清单

序　号	币值(元)	币　种
1	50	纸币
2	20	纸币
3	10	纸币
4	5	纸币
5	1	纸币或硬币
6	0.50	纸币或硬币
7	0.10	纸币或硬币

(4) 设零的组合方案。日常营业时可按表5-4所示的零用货币的组合方案准备零用金。

表5-4

日常营业零用货币的组合方案

币值(元)	数　量	金额(元)
50	2	100
20	10	200
10	20	200
5	20	100
1	50	50
0.50	50	25
0.10	50	5
合计		680

周末及节假日期间,由于客流量较大,可按表5-5所示的零用货币的组合方案准备零用金。

表 5-5

周末及节假日零用货币的组合方案

币值(元)	数　　量	金额(元)
50	4	200
20	10	200
10	20	200
5	40	200
1	50	50
0.50	50	25
0.10	50	5
合计		880

(5) 填制零用金登记表。总收人员在给每个零用金袋子准备好零用金以后,还应由专人负责复核零用金的种类及金额是否正确,并填制"零用金登记表"(见表 5-6)以明确责任。

表 5-6

零用金登记表
年　　月　　日

公司名称:　　　　　　　　　总收款室负责人:　　　　　　　收银主管:

收银机编号	币值组合	金额	初备人签字	复核人签字
1 号				
2 号				
3 号				
4 号				
5 号				
6 号				
…				

4. 营业中的兑零操作

在营业时间内,当收银机中的零钱不够用时,收银员可以随时申请兑零。兑零是指在营业时间内为收银机提供兑换零钱服务。

(1) 兑零的目的是:为了保证营业时间内收银机在零钱不足时随时可以兑换零钱,使每一台收银机任何时候都有足够的零钱找零。

(2) 兑零的程序是:

① 收银员向收银主管提出兑零请求。

② 收银主管到总收款室兑换零钱,总收款人员与收银主管双方签字确认。

③ 收银主管打开钱箱并现场与前台收银员交换现金,双方核实并签字确认兑零金额,关闭

收银机钱箱。

（3）兑零的原则是：

① 充足原则。必须保证有足够的零用现金以随时满足收银机的兑零需求。

② 时间原则。兑零可以随时进行，没有时间限制，即在接到收银员兑零请求时应立即进行兑零。

③ 就地原则。必须在需要兑零的收银机岗位旁边进行兑零，不得远离收银岗位。

④ 现场核实原则。收银主管与收银员应现场确认现金数量、币种是否正确及钱币的真伪，不得赊账或过后算账。

⑤ 授权原则。只能由企业授权的收银主管进行兑零，收银员之间禁止进行兑零或帮助兑零。为明确责任，可以填制"兑零营运表"（见表 5–7）。

表 5–7

兑零营运表

兑零时间	
兑零地点	
主管和人员	
现场核实金额	
确认签字	

 活动训练

在收银技能实训室里，分角色扮演收银员和总收款室工作人员，完成以下训练：

（1）总收款室工作人员在收银员上岗前进行设零操作。

（2）收银员在收银工作中进行兑零操作。

收银特殊业务

学习目标

通过本任务的学习,你可以达成以下目标:

- 熟悉退货业务的处理流程
- 熟悉换货业务的处理流程
- 学会处理应急突发事件

 活动 5.2.1 处理退换货业务

 **活动准备**

在收银技能实训室里,准备部分已售出商品(有质量问题)、相关销售发票、收银小票等。

 活动内容

1. 退货业务处理

退货是指顾客在购买商品后的一定时期内,对确有质量问题的商品向商家要求退掉商品并要求退还等价现金。商场、超市的商品退货应根据本企业的"商品销售退换货管理规定"进行处理,尽量做到保证顾客满意。商品退货业务的处理流程如图 5-1 所示。

商场、超市发生商品退货业务时,具体处理程序如下:

(1)受理顾客的商品和凭证。当顾客携带商品要求退货时,相关人员要接待热情,首先审核顾客是否有本商场或超市的销售发票或收银小票,以确定顾客所购商品是否属于本店出售的商品;然后确认该商品属于哪一类商品,是否属于退货商品的范围。

(2)听取顾客的陈述。要面带微笑,态度诚恳,认真听取顾客有关的抱怨和要求,细心倾听顾客陈述有关商品退货的原因,并做好记录,这些记录可能成为改进工作的依据。

(3)判断是否符合退货标准。受理商品后,应根据消费者权益保护法的有关规定以及本企业商品销售退换货管理规定,判断该商品是否符合退货条件。

退换货

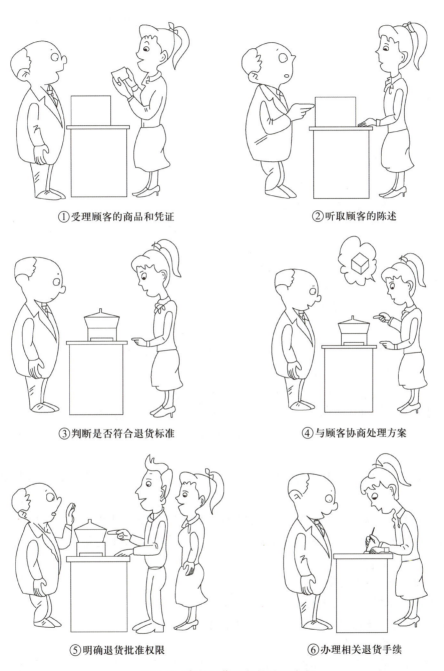

①受理顾客的商品和凭证　　②听取顾客的陈述

③判断是否符合退货标准　　④与顾客协商处理方案

⑤明确退货批准权限　　⑥办理相关退货手续

图 5-1　商品退货业务的处理流程

> 提示：
> 如本企业的商品销售退换货管理规定与消费者权益保护法有关条款相冲突,应以消费者权益保护法为准。

如不能满足顾客的要求而顾客依然坚持的话,应请上一级管理人员处理。判断是否符合退货标准时主要应遵循以下两点:首先,审核退货商品是否超出退货的时限标准;其次,审核退货商品是否符合企业规定的退货标准。具体操作如下:

① 可退货的商品。

● 在可退货的有效时限内且确有质量问题的,可予以退货。

● 一般性商品在规定时限内,无质量问题、有整齐的包装,又不影响二次销售的,且符合本企业当初退货约定的(如开展无理由退换货活动等),可以退货。

● 在三包有效期内,修理了两次仍不能正常使用的商品,顾客出示质量鉴定书后应及时给顾客办理退货。

● 家电类商品须在客服部门开取退换单,有关部门进行检测及鉴定,无论金额大小,只要鉴定出质量问题,须及时给予退货。

② 不可退货但可换货的商品。

● 有质量问题,超出了退货的时限,但在换货时限内的,可予以换货。

● 无质量问题,但不影响二次销售的一般性商品,可予以换货。

③ 不可退货也不可换货的商品。

● 有质量问题,但超出退换货时限的商品,不予退换。

● 无质量问题,但有明显的使用痕迹,影响商家二次销售的一般性商品,不予退换

● 无质量问题,但经过顾客加工或特别为顾客加工过的商品,如特别为顾客量身修改过的服饰等,不予退换

● 无质量问题,因顾客使用、维修、保养不当,自行拆装或因自然灾害而造成损坏的商品,不予退换。

● 无质量问题,且原包装损坏或遗失、配件不全或损坏、无保修卡的商品,不予退换。

● 个人卫生用品(如内衣裤、睡衣、泳衣、袜子等)及消耗性商品(如电池、胶卷等),不予退换(但属质量问题的例外)。

● 清仓品或赠品,不予退换。

● 已售出的无质量问题的生鲜商品,不予退换。

● 涉及知识产权类的商品,如软件、音像制品及书籍等,不予退换。

● 其他不符合"商品销售退换货管理规定"的商品等。

(4) 与顾客协商处理方案。即提出解决方法,一般情况下应尽量让顾客选择换货。如顾客坚持要求退货的,经审核符合退货条件的,应同意其退货。

(5) 明确退货批准权限。对于不同金额及数量的商品退货,收银员(或客服人员)必须得到相应的管理人员授权、审核、批准才可以进行,即明确退货的金额是否在他们处理的权限范围内。

（6）办理相关退货手续。一般情况下，收银员不能直接在自己的收银台办理商品退货业务，只能在指定收银台或服务台由授权人员办理。

① 开具红色销售凭证。首先，由营业员开具一式两联的红色销售凭证，并在凭证上注明"退货"字样；然后，由卖场主管以上人员签字同意后，收银员方可受理。

② 填写"退换货登记簿"。营业员须带领顾客一起到授权收银台办理退货手续，并由营业员填写"退换货登记簿"。登记簿上的有关事项须填写清楚，由当班收银员负责监督检查。填写完毕，由营业员和退货的顾客分别签字确认。

③ 收回顾客原购物凭证。办理退货时，一定要收回顾客的原购物发票或小票，并将其与机打退货发票或小票的第二联贴在一起留存，并在原发票或小票上注明"作废"。无发票退货的，须由分管理经理签字批准后方可受理。

④ 收银机处理退货程序。授权收银机处理退货的操作程序如下：

• 调整授权钥匙。一般地，系统不允许收银员直接进行退货操作，应先通知收银主管进行授权。收银主管用专用钥匙或密码将收银机调整到允许退货的状态。

• 录入商品信息。当收银机授权可退货后，收银员首先按【退货】键，进入退货操作界面，录入交易流水号，再录入营业员工号、商品编码；然后按【回车】键确认，系统自动显示原商品交易信息。

• 按原来的付款方式退出，如原销售有积分或折扣时，积分须按【会员卡】键进行刷卡退货，并将积分退出；有金额折扣的，则按【折扣】键，再录入金额。由于降价等原因造成商品实退金额大于商品现价的，则手工录入商品的原价和实退金额。

• 处理完毕后按【确认】键，钱箱会自动打开，打印机自动打印退货凭证。一般情况下，收银员应将退货现金及退货凭证一同交给顾客，然后关闭钱箱，并在"退换货登记簿"的所办理的退货业务栏上盖上自己的名章。

⑤ 退还顾客所交货款。收银员在退还顾客货款时，应根据顾客购物时所采用的支付方式予以处理。

• 用现金结账的退货。顾客以现金结账退货时，退货程序处理完毕，收银员要当场退给顾客与购买商品同等的现金。

• 用银行卡结账的退货。顾客通过银行卡结账退货时，只能通过银行划账的形式将退货款划到顾客的银行卡中，不得退付现金。

提示：

• 顾客当天退货，收银员可凭顾客的签购单在银联 POS 机上按【消费撤销】键，根据提示录入相关记录，由银联 POS 机自动处理后，打印出消费撤销的 POS 凭条；然后再在收银机上取消当日的该笔销售单据。部分退货的，先在收银机作全额撤销处理，再将未退部分商品作重新销售处理。

• 顾客隔日退货，收银员应告知顾客把钱退到卡上的时间会比较慢，本市需要 3~7 天的时间，外地需要 7~15 天的时间。如顾客同意将钱退到银行卡上，收银员可按上述操作进行退货，并在消费撤销的 POS 凭条背面注明收银台电话，以备顾客查询；同时记录顾客的卡号、金额、开户行地址、顾客姓名及联系方式，以便做好回访工作。

• 用支票结账的退货。首先，支票到账前不可以退货。支票到账后顾客需要退货时，先由营

业员带顾客到财务部办理支票退货手续;然后收银员凭财务部开具的"支票退货审批单"和红字销售凭证,在收银机上做退货处理。结账时填写红字支票送存簿,并与"支票退货审批单"一起交总收款室。

• 用优惠卡/券结账的退货。如果顾客购物时使用的是优惠卡或优惠券,收银员在退货处理时只能退还顾客同等金额的优惠卡或购物券,不得退付现金。

2. 换货业务处理

换货是指顾客以某种理由要求商家予以更换商品,或商家对顾客购买的有质量问题的商品按国家有关法律规定做换货处理。商场、超市的商品换货也应根据本企业的商品销售退换货管理规定进行处理,同样要做到保证顾客满意。换货业务的处理程序与退货业务大同小异,具体操作程序如下:

(1) 受理顾客的商品和凭证。

(2) 认真听取顾客的陈述。

(3) 判断是否符合换货的条件。对顾客购买的商品进行仔细检查,确定商品是否属于不可换商品(关于换货的具体条件同前)。

(4) 与顾客协商处理方案。

(5) 明确换货的批准权限。

(6) 办理相关换货手续。

① 由营业员填写"退换货登记簿",将登记簿上的有关事项填写清楚。填写完毕,由营业员和换货的顾客分别签字确认。

② 复印顾客的销售发票或收银小票,以留底备查。

③ 顾客办理完换货手续后,营业员即可提取一件新的同类商品给顾客,并打开包装让顾客检查有无质量缺陷,顾客满意后将商品包装完好交给顾客带走。

 活动训练

在收银技能实训室里,角色扮演顾客、收银员和营业员,按规范的程序完成退货、换货及相关收银业务的训练。

  活动 5.2.2 处理应急突发事件

活动准备

在收银技能实训室里,配备常用的紧急事件处理设施及用具,如消防器材、紧急照明灯、手电筒等。

活动内容

1. 日常防范措施

灾害通常会在意想不到的时候侵袭过来,但如应付得当也能防患于未然,或将灾害减低到最低限度。因此,收银员一定要加强防御意识,做好防范措施,将危险的行动或状态先行消除。

(1) 顾客通道或收银作业区内不可放置商品、手推车、空购物篮、空箱盒等,要保持干净通畅。

(2) 顾客通道或收银作业区内如有水或果、菜汁,地面会很湿滑,容易摔伤顾客或自己,因此要经常保持清洁干净。

(3) 熟知各种消防器材的名称、性能、使用方法及放置的位置。

(4) 在规定的吸烟场所之外不可以吸烟。

(5) 危险物品(鞭炮、汽油、炸药等易燃易爆物品)不可带进店内。

(6) 经常检查收银及消磁设备所用的电源,要确保安全使用无隐患。

(7) 当遇到紧急事件发生时,要照预先所分配的任务行动,并且听从店长或主管的命令,冷静行动。

2. 停电事件处理

卖场内平时都有相应的防范措施,如备有紧急照明灯、手电筒等应急照明工具,有条件的商场、超市还安装了自动发电机。当出现突然停电事件时,这是对企业处理突发事件能力的考验,也是对企业员工的考验。作为一名收银员,停电发生时务必要保持冷静,采取以下处理措施:

(1) 要保持冷静,不要慌张,不要大喊大叫,迅速将收银机抽屉锁好,保护好企业的营业款,不能擅自离开自己的工作岗位。

(2) 应迅速上报主管或经理,并及时通知维修部门前来检修,查明停电的原因,以便做出对策。

(3) 马上启用应急照明工具,保证店内照明和收银区的当时作业,应使顾客保持原位,防止出现"跑账"现象。

(4) 用平静的语气尽可能地安抚顾客,使其不要慌张,不要乱跑,注意自己的人身及财产安全,同时为停电给顾客带来的不便表示歉意。

(5) 停电时收银机无法结算,应该劝顾客放弃购物。若对方坚持结账,在请示值班经理后,可利用空白纸条填上购买金额,并盖发票章,请顾客下次来店时凭临时收条兑换发票。

(6) 要密切注意店内情况,防止各种意外事件发生。

3. 抢劫事件处理

(1) 抢劫的概念。抢劫是指使用武力,以武力相威胁或使用暴力,使受害人置身于恐惧之中,从而夺取或试图夺取他人所照看、保管或控制的财物的行为。而且,抢劫是一种危险的犯罪行为,极有可能对受害人造成伤害。从商场或超市角度看,伴随抢劫的暴力对员工和顾客都构成了很大的威胁。

(2) 卖场易遭抢劫的原因是:有现金,有商品;人多,易脱逃;缺乏安全防范措施。事实上,不论是职业化的还是非职业化的抢劫犯,总希望能快速出入目标和逃离现场。通常,商场或超市大都在靠近前端售货区设办公室,出口附近设收银台。

(3) 避免抢劫风险的措施如下:

① 避免现金堆积所招致的风险。

收银机内现金保持处在最低限额。

- 业务量大时,总收人员应及时做好大钞预收,取走收银机内的过量现金。
- 营业结束时,应把结余现金分散开,以免总收款室和保险柜外存放大量钱款。
- 保险柜内不隔夜存放现金,应及时联系银行收款及代存收银机零用金钱袋。

② 收银台下安放保险柜。在收银台下安放保险柜是一种保证过量现金避险的应急措施。尽量及时取走收银机内的现金,有助于收银机内的现金保持最低限额。但是,企业往往不能完全做到这一点。例如,在营业高峰期及深夜时,总收人员及时取走过量现金就不太现实了。这时,收银员可将所有大额钞票及过量现金放在收银台下的保险柜里。如果使用小保险柜的话,很容易从安放处运到总收款室打开。

从保险柜取现金需用另一把钥匙。

> 提示:
>
> 　　最好使用那种能装延迟锁的保险柜,以增加安全性,即将钥匙插进去并转动后,通常有 10 分钟左右的等候时间。使用该锁能够拖延抢劫犯在现场滞留的时间,从而可以争得捕获抢劫犯的有效时机。

(4) 发生抢劫事件的处理措施。一旦发生抢劫事件,作为收银员,一定要沉着冷静,妥善采取以下处理措施:

① 当抢劫事件发生时,不要反抗武装劫匪,尽量保障人身安全,并严格按其要求去做。

② 被匪徒逼迫的收银员要反应敏捷,且不动声色,按抢劫犯的要求将钱放进袋子里。

③ 尽最大努力地去记忆抢劫犯的形象特征,而不要太显露地去观察他们的行为。

④ 抢劫犯离店后立刻报警,若有无声警报系统,应尽快启动。

⑤ 对抢劫犯在没戴手套的情况下动过的任何东西都要加以保护,以便警察前来取证。

⑥ 尽量记住劫匪的车辆特征,在其驾车离去时不要往店外跑,以防其开枪。

⑦ 请求现场目击者留在店中直到警察赶来,然后讲述所看到的一切。获取所有顾客和证人的姓名、地址及电话号码。

⑧ 查看、清点抢劫犯洗劫过的收银机钱箱或保险柜,确认损失的具体数据,以便向领导或侦察人员汇报。

⑨ 抢劫事件过后,在没经过领导同意的情况下,不要向新闻媒体提供任何信息。

4. 火灾事件处理

(1) 火灾报警措施。火灾发生时,首先通报本店总经理或值班经理。报警人在报警时应讲明着火位置,火势大小,燃烧物质,有无人员伤亡及本人姓名、电话号码,最好不要离开或关闭电话,以便及时取得联系。

> 提示:
>
> - 火灾情况严重时,应立即拨打 119 报警。报警时要讲清楚发生火灾的单位、所在位置、联系电话。
> - 火灾发生时,必须服从现场指挥部的命令。经理是现场指挥部最高负责人,所有重要决策必须有经理或值班经理的批准。

(2) 火灾处理措施。一旦火灾发生,应视火灾的大小、火势的强弱等情况采取不同的处理措施。

① 如果火灾现场地点单一,无蔓延的可能,并能通过灭火器及消火栓控制,应采用的方案主要以灭火为主。一旦发现这种情况,收银员应该立即锁好钱箱,收好相关凭证,马上就近使用消防设施扑灭火势。

② 如果火势迅速蔓延,或是发生有毒、化学易爆品火灾,或是已造成人员伤害,应采用的方案主要以疏散为主。具体措施如下:

- 要尽快处理完手中业务(若情况非常紧急,应该劝阻顾客购物),关闭设备,切断电源。
- 看护好企业单据和现金,并同保安一起争取将其转移到安全地带。
- 在做好本职工作的前提下,尽可能地帮助疏散顾客。如迅速打开收银通道,告诉顾客不要拥挤,不要使用电梯、电扶梯及就近的紧急出口位置等。

(3) 常用的灭火方法。火灾燃烧必须同时具备三个条件:可燃物质、助燃物质和火源。灭火就是为了破坏已经产生的燃烧条件。只要能去掉一个燃烧条件,火即可熄灭。

灭火方法

① 冷却法。将灭火剂直接喷射到燃烧物上,以降低燃烧物的温度,当燃烧物的温度降低到该燃烧物的燃点以下时,燃烧就停止了。或者将灭火剂喷洒在火源附近的可燃物上,使其温度降低,防止辐射热影响而起火。冷却法是灭火的主要方法,主要采用水和二氧化碳来冷却降温。

② 隔离法。将着火的地方或物体与其周围的可燃物隔离或移开,燃烧就会因为缺少可燃物而停止。实际运用时,如将靠近火源的可燃、易燃、助燃的物品搬走;把着火的物件移到安全的地方;关闭电源,可燃气体、液体管道阀门,中止和减少可燃物质进入燃烧区域;拆除与燃烧着火物毗邻的易燃建筑物等。

③ 窒息法。阻止空气流入燃烧区或用不燃烧的物质冲淡空气,使燃烧物得不到足够的氧气而熄灭。实际运用时,如用石棉毯、湿麻袋、湿棉被、湿毛巾被、黄沙、泡沫等不燃或难燃物质覆盖在燃烧物上;用水蒸气或二氧化碳等惰性气体灌注容器设备;封闭起火的建筑和设备门窗、孔洞等。

④ 抑制法。这种方法是用含氟、溴的化学灭火剂(如1211)喷向火焰,让灭火剂参与到燃烧反应中去,使游离基链锁(俗称"燃烧链")反应中断,达到灭火的目的。

以上方法在实用中,可根据实际情况,采用一种或多种方法,以达到迅速灭火的目的。

5. 地震事件处理

(1) 地震发生时的处理措施。当地震发生时,收银员应该做到以下几点:

① 就近躲避,应选择室内结实、能掩护身体的物体下(旁);易于形成三角空间的地方;开间小、有支撑的地方;室外开阔、安全的地方。

② 身体应采取的姿势是:伏而待定;蹲下或坐下;尽量蜷曲身体,降低身体重心;抓住桌腿等牢固的物体;保护头颈、眼睛、掩住口鼻。

③ 保持镇静,不要恐慌、奔跑。

④ 不使用电梯、电扶梯,应该走楼梯。

⑤ 尽量安抚顾客,避免因慌张而彼此碰撞,造成伤害。

⑥ 关闭电源、煤气等。

(2) 地震过后的处理措施。地震过后,确认安全时,收银员应该做到以下几点:

① 立即清点资金及商品损失,以便向领导或调查人员汇报。

② 如身边有相机,应拍照存证。

③ 清理现场,当损害轻微时,准备立刻恢复收银,以便顾客安心购物;若损害比较严重,则听从领导安排。

 活动训练

在收银技能实训室里,角色扮演收银员、顾客、营业员等,完成发生停电事件、抢劫事件、火灾事件、地震事件时应急处理的演习。

任务 5.3

资金与票据管理

学习目标

通过本任务的学习，你可以达成以下目标：

- 了解现金的概念
- 熟悉现金管理制度
- 明确进行现金交纳时的要求和流程
- 能顺利完成发票的领用、保管和交账工作
- 了解开具发票的具体规定

 **活动 5.3.1** 营业资金管理

 活动准备

在收银技能实训室里，准备模拟用现金、现金缴款单、专用硬币盒、纸币捆扎条等。

活动内容

1. 现金的概念

现金有广义和狭义之分。广义的现金是指随时可以作为流通和支付手段的票证，不仅包括库存现金，还包括视同现金的各种银行存款、流通证券等。狭义的现金仅指企业库存及营业收取的现钞。这里所讲的现金是指狭义的现金。

2. 现金管理制度

（1）单位现金一律实行限额管理。现金库存限额由银行进行核定。银行核定的现金限额为：一般不超过单位 3~5 天的日常零用现金量，特殊情况下可多于 5 天，但不得超过 15 天。

（2）不准擅自坐支现金。坐支现金就是从企业收入的现金中，直接支付各项开支。坐支现金容易打乱现金收支程序，不利于银行对企业现金进行有效的监督和管理。

（3）收入的现金应及时送存银行。企业的现金收入应于当日送存银行，如当日送存有困难的，

现金管理

应由开户银行确定送存时间。需要支付现金时,从库存限额内支付,或从银行提取现金后支付。

(4) 企业收入的现金不得作为储蓄存款进行存储。

(5) 严格按照国家规定的开支范围使用现金。

(6) 不得编造用途套取现金。企业的现金应在国家规定的范围和限额内使用,提取现金时应写明用途。

(7) 坚持实行内部牵制制度。为了现金的安全,防止差错和弊端,应将企业的会计与出纳分开。现金的收付、结算、审核和记账不能由一人单独完成。

(8) 实行定期对账制度。企业对现金的收付应及时入账。每日业务终了,出纳员应结算出现金的账面余额,并与实际库存现金进行核对,保证现金的账实相符。

对于商场、超市等零售企业的收银员每日营业收取的现金,由于没有统一的管理制度,各零售企业可由财务部门参照以上会计工作现金管理制度,结合本企业营业资金的性质与特点,制定相应的现金管理暂行办法。

3. 现金的存放管理

现金存放主要是指对每日收取的现金和库存现金的存放。现金存放有以下几项管理要求:

(1) 企业库存现金应按开户银行规定的限额存放。企业应在满足正常开支需要的前提下,减少现金的库存量。企业收取的现金和超出可存限额的现金必须及时送存银行。如库存现金不足限额时,可以向银行提取现金。

(2) 企业现金的保管应由企业的出纳人员负责,非出纳人员不得管理现金。收银员营业期间收取的每一笔现金,必须及时放入收银机的钱箱内,临时外出时必须将钱箱锁好,同时用链条等物品拦住收银台的出入口,并在收银台放置"暂停服务"的警示牌。

(3) 营业结束时,收银员必须打印收银报表,核对实收现金、报表、发出商品总值三者是否相符。若不相符的,应在当天找出差错原因并进行相应处理。

(4) 收银员应及时将当天营业所收的现金上缴总收款室。具体上缴营业款的时间和次数由企业根据实际情况而定。原则上,收银员不能保管现金过夜。

(5) 现金的存放要有相应的保安措施。保安工作的重点是企业的总收款室和出纳办公室。总收款室和出纳办公室应选择坚固、实用的房间,能防火、防潮、防盗,窗户要装有防盗网,门要安装防盗门,室内应配备专用保险柜。保险柜密码和钥匙应由总收人员和出纳人员专门管理,不得交其他人员代管。总收人员和出纳人员变动,应及时更换保险柜密码。

(6) 对收银机钱箱及保险柜内的现金,为便于管理,应按券别分类存放;纸币和硬币也应分别存放,以便于整理和清点。

(7) 出纳人员和收银员在收付、存放现金时应爱护人民币,不准损毁人民币,不要在人民币上写字、画记号;残缺、破损的人民币,应及时向银行兑换。

4. 现金的交纳管理

收银员收取的现金,必须于每天营业结束(或交接班)后上缴企业的总收款室,不得留作他用,更不能作为储蓄存入个人账户。

收银员将当班期间的营业现金进行整理。纸币满 100 张捆成一把,不满一把的,按票面金额大小顺序排好,点清金额写在捆扎条上,并用捆扎条扎住;硬币满 50 枚卷成一卷,不满 50 枚,按币值分类,以专用硬币盒排好。然后,将实收现金与收银报表进行核对,核对无误后,填写"现金缴款单",如有长短款,长款须填写"长短款报告单",短款则由收银员自己负责补齐,之后将交款单据与现金一并上缴总收款室。

现金缴款单一式两联,收银员在填写时,应用双面复写纸,日期应为营业日当天,款项内容填写清楚,收据张数要准确无误,大小写金额要一致,缴款人签字盖章,并将收据附在上报缴款单的后面,与现金一同送交总收款室,双方当面清点款项,办好交接手续。

 活动训练

在收款技能实训室里,完成以下训练:
(1) 收到现金。
(2) 整理捆扎现金。
(3) 上缴营业现金。
(4) 处理残损、破损人民币。

 **营业票据管理**

 活动准备

在收银技能实训室里,准备发票、发票领用登记簿等物品。

 活动内容

发票是指在购销商品、提供劳务或接受服务以及其他经营活动中,开具、收取的收、付款凭证,是会计核算的原始凭证,是税务稽查的主要依据。

1. 发票的领用

商场、超市每日营业前,当班收银员或服务台人员要向发票管理员领取发票。领用时在发票领用登记簿(见表5-8)上逐卷(200份一卷)登记发票的起止号码、领用日期、单位等内容,并签字确认。

发票管理

表5-8

发票领用登记簿

日期	发票种类	起止号码	数量	领用人	当日归还情况

2. 发票的开具

开具发票时应遵守以下规定：

(1) 从事销售商品、提供劳务以及其他经营服务的单位和个人，在对外发生经营业务收取款项时，收款方应向付款方开具发票。未发生经营业务一律不准开具发票。

(2) 收银员一般只能领用卷式发票。

(3) 开具发票时必须按实际的商品名称、金额、数量填写，不能虚开发票，更不能开空白发票。

(4) 开具发票时，必须做到按发票号码顺序填开，填写项目齐全，内容真实，字迹清楚，逐栏、全部联次一次性打印，内容一致，不能涂改、划破和粘贴。发票必须有开票人签名，并在发票联加盖单位的发票专用章。

> 🔔 提示：
> • 发票专用章的式样由税务部门确定，中间印有使用单位的税务登记号或统一社会信用代码。

(5) 开具后的发票记账联应当交财务部门入账。

(6) 当发生打印发票挤纸情况时，收银领班要将作废的发票收好，并在发票上注明原因、签字确认后于营业次日上缴总收款室留存。

(7) 在开具发票时应当使用中文。民族自治区可以同时使用当地通用的一种民族文字；外商投资企业和外国企业可以同时使用一种外国文字。

(8) 发票限于领购单位和个人在本省、自治区、直辖市内开具。任何单位和个人未经批准，不得跨规定的使用区域携带、邮寄、运输空白发票；禁止携带、邮寄或者运输空白发票出境。

(9) 任何单位和个人不得转借、转让、代开发票；未经税务机关批准，不得拆本使用发票；不得擅自扩大发票的适用范围。

(10) 开具发票的单位和个人应当设置专人管理发票，并设置专用柜(库)存放发票。同时建立发票使用登记制度，设置税务机关统一监制的"发票登记簿"，并定期向主管税务机关报告发票使用情况。

(11) 发票一旦遗失，应迅速上报企业财务部门，以便及时到税务部门办理遗失手续和遗失声明。

(12) 在交接班打印结账单时，需要更换打印纸，不得使用机打发票打印结账单，或将机打发票随意挪作他用。

3. 发票的交账

收银员或服务台人员在交回已使用过发票记账联时，发票管理员要逐份、逐本检查发票的起止号码，有无缺页、少号等情况；收入的钱款有没有如数上缴财务部门等。经检查没有问题后，双方签字，再按相关手续发给新的空白发票。

 活动训练

在收银技能实训室里，完成以下训练：

（1）领用卷式发票。

（2）打印卷式发票。

（3）打印结账单进行班结。

任务 5.4

商品防损管理

学习目标

通过本任务的学习,你可以达成以下目标:

- 熟悉商场商品防损管理措施
- 熟悉超市店内、出入口、精品区、高损耗区防损管理措施
- 能按规范程序处理顾客偷盗行为
- 能按规范程序处理内盗行为

活动 5.4.1 商场防损管理

活动准备

到附近的商场进行实地观察、了解该商场配备的防盗报警、监控设备,并在网上搜索这些设备设施的功能。

活动内容

百货商场、购物中心等零售业态,其经营特点是在开放的区域内开架售货。由于没有封闭的出入口设施,很容易出现商品失窃的现象。因此,必须采取有效的防损管理措施。

1. 设置防盗报警系统

（1）布防点设计。在设置防盗报警系统时,前端探测器的选择与安装位置十分关键,关键的一点是整个防区不能有盲区,以防给犯罪分子可乘之机。根据商场内营业场地情况,可以选择点型入侵探测器、直线型入侵探测器、面型入侵探测器或空间型入侵探测器。为了减少报警系统的误报率,可以将检测探头的几种性能结合起来,如三鉴探测器就是将微波、红外和人工智能处理技术结合在一起,增强了抗干扰能力,也大大降低了防盗系统的误报率。

防盗报警

（2）报警控制器。安装报警控制器应能够接收来自入侵探测器发出的报警信号,发出声光报警并能指示入侵发生的部位。声光报警信号应能够保持到手动复位。复位后,如果有报警信号输入时,应能够重新发出声光报警信号。另外,报警控制器还能向与该机接口的全部探测器提供

直流工作电压。一旦发生情况会立即发出警报,并打开灯光,启动监控系统的录像机,将报警的场面及时记录下来,作为证据以供调查,这一系列工作都通过主机自动完成。报警控制器可以做成盒式、壁挂式或柜式,以方便安装使用。

2. 安装电视监控系统

在商场内安装闭路电视监控系统,不仅可以看到顾客的购物情况,还可以发现犯罪分子,并用录像机录像作为证据,对那些有不良企图的人能够起到一定的威慑作用。尤其在收银台上方装一部摄像机,不仅可以观察顾客的结账情况,还可以监督收银员的工作情况,杜绝资金方面的漏洞。

电视监控

（1）布防点设计。与设置防盗报警系统类似,安装闭路电视监控系应尽量覆盖整个商场,商场内所有人员的活动情况都可以尽收眼底。摄像机尽量选用彩色的,以提供较好的画面质量;外观最好选择半球形防护罩,这样不但具有隐蔽性,美观大方,而且还不破坏商场内的整体布局。

（2）后端控制与记录显示部分。根据前端安装监控系统的具体情况,可灵活地组合控制室内的设备。如前端没有变焦镜头,可以不加矩阵主机,而用切换器或分割器即可。

 活动训练

实地观察、了解商场中商品防损管理措施都有哪些,形成调查报告。报告中应包括这些内容:该商场配备了哪些防损设备设施,各自发挥什么作用,还存在哪些防损薄弱环节,应如何弥补等。

活动 5.4.2　超市防损管理

 活动准备

到附近的超市进行实地观察,了解该超市配备的防损设备设施,并在网上搜索这些设备设施的功能。

 活动内容

1. 店内防损管理措施

（1）安装摄像电子监视器。统计数据显示,超市售卖中最容易丢失的商品,主要集中在化妆品、洗发用品、香烟、胶卷、电池、巧克力、CD/VCD 这类价格较高而又方便携带的商品。因此,为了有效防止商品失窃现象的发生,大型超市需要安装摄像电子监视器。由于安装电子监控设备的成本较高,小型的超市及门店可以安装价格便宜的防盗镜。防盗镜一般安装在超市的各个角落,能让营业员方便地监视整个超市内的情况。

（2）安装电子防盗系统。电子防盗系统（EAS）是利用声磁、电磁、微波及无线技术的商品防盗装置,被广泛应用在商场、超市、购物中心、专卖店、音像商店等商

EAS 系统

业场所。EAS 系统主要由防盗标签、消磁系统和检测系统三部分组成,通过放置在超市出口或收银通道处的检测系统(多为门状),侦测固定在商品上的防盗标签,当有未经消磁处理的商品标签通过时,防盗系统会发出报警声响,以提醒工作人员进行处理。

① 防盗标签。防盗标签主要有软标签和硬标签两种。软标签主要贴在有外包装且包装不容易打开、体积较小、价值较高的商品上,如保健品、酒类、化妆品、磁带、CD、电池等。而硬标签则是难于被移走或被破坏的坚固标签,一般以钉扣方式扣在衣服、皮包、手袋、皮鞋、电器等商品上。

② 消磁系统。消磁系统包括消磁板、开锁器 / 取钉器等消磁工具。消磁板一般安置在收款台上,用于使软标签失效。当顾客结账时,收银员需把顾客的商品贴近消磁板,以使标签失效。而开锁器 / 取钉器则是在顾客付款后,将钉扣式硬标签从衣服等商品上面拔除掉,这样商品就可带出而不产生报警。

③ 探测门。视其工作方式不同有三种类型:RF 系统、单天线系统和电磁(EM)系统。当顾客携带未付款的商品出门时,由于商品上的标签未经过消磁处理,探测门就会发出报警信号,而起到商品防窃作用。

(3) 安装声磁防盗系统。声磁防盗系统采用音叉共振原理,即发射支座发射 58 kHz 的低频电波,当由两片特殊的航天用无序排列的非晶体金属片组成的标签进入检测区域时,检测系统激励标签共振,发出衰减次声波信号,同时系统发射停止,而接收程序启动。经过 4~8 个周期的接收、采样、检测,确认无误后,才发出声光报警。

(4) 采取面对面销售。超市内如果有一些价格较高的商品,如化妆品、文具用品、烟酒等,可以考虑采取面对面销售的方式,即在这类商品的货架前安排店员引导顾客选购,这样既能够有效防止商品失窃,又能够及时为顾客服务。但是采取这种销售方式一定要避免回到柜台式销售的老路上,店员的服务方式要完全符合超市的销售规范,应该采取多介绍商品、多与顾客亲切交谈的方式进行商品售卖。

(5) 在收银员附近设置货架。有些体积比较小,或者单价比较高的小型商品,如口香糖、电池等,由于便于携带,很容易被一些顾客装入口袋带出超市。对于此类商品,可以将其放置在收银员附近的货架上,收银员在收款的同时可以兼顾照看这些商品,这样能够有效降低此类商品的被盗率。

(6) 利用橱窗销售贵重商品。对于一些贵重商品如手表、首饰等,可以将其放入橱窗内锁起来进行销售。这种方式的防盗效果很好,但很可能会引起消费者的反感。另外,超市还会冒一个风险,就是消费者可能会因为提货过程太烦琐而打消购买的意图。国内有些超市采用这种防盗方法,虽然降低了商品的失窃率,但却大大影响了商品的销售量。不过有的超市已经想出了一个很好的解决办法,就是在橱窗前设置一个小盒子,内装号码牌,凡是有意购买此类商品的消费者,只要手持号牌到仓库或是超市卖场内某一特定的销售点,就可以当场付款提货。

(7) 及时检查超市商品销售报表。为了防止超市内盗现象的发生,超市主管人员应当及时检查商品销售报表,包括现金日报表、现金损失报告表、现金入库表、营业状况统计表、交接班报告表、营业销售日报表、营业销售月报表、商品订货簿、商品进货统计表、商品进货登记单、损坏品及自用品统计表、商品调拨单、商品退货单、盘点统计表等。通过查看报表,发现问题,及时采取措施,进行处理。

2. 出入口防损管理措施

超市出入口应该设置安全员岗位,营业时间内实行不间断值勤制度,并且设立电子防盗门系统,这是超市通常采取的防盗保护措施。

（1）入口安全员监管措施。

① 禁止所有员工在上班时间内从超市入口处出入。

② 维持所有顾客进场秩序良好,无拥挤现象。

③ 属于会员商店的,检查入场顾客的会员证。

④ 超过尺寸的提包,提醒顾客进行寄存后才能入场。

⑤ 顾客不能将与本超市类似、一样的或难以区别的商品从入口带入超市,即要进行寄存后才能入场。

（2）出口安全员监管措施。超市出口处的监管重点在于正确、快速、满意地解决防盗报警问题,同时维护好出口处的顾客秩序,保证所有顾客能从入口进、出口出。

当有顾客携带商品出门报警时,首先应确认引起报警的是否是商品,将商品与人进行分离,确认报警原因。

① 如果引起报警的是商品,应进一步查找报警原因。通过目测,判断有无带感应标签的商品,核实其是否属于未经消磁的商品;核对收银小票,查看有无未结账的商品。

② 如果引起报警的是顾客,则让顾客再次经过安全门,再次确认报警原因。礼貌地请求顾客作自行检查——是否有忘记结账的商品。顾客若承认,则请求顾客返回收银台结账,即可认为顾客是疏忽大意而不是故意。顾客若不承认,则要求顾客到安全办公室协助处理,不能在出口处发生争执。如果确属在超市偷盗商品的顾客,在经过安全门时报警,那就直接由安全办公室处理,这样才可以起到威慑的作用。

 提示:

● 在此处理程序中,一定要从善意、客观、可能、留有余地的角度出发,希望顾客能自觉将未结账的商品进行结账,尽量不伤害到顾客的自尊。

---

3. 精品区防损管理措施

精品区及其出口处设置安全员岗位,营业时间内岗位实行不间断值勤制度,同时在精品区出口处设置电子防盗系统和门禁系统。前者对偷盗商品进行报警,后者则对无密码开门进行报警。

（1）防损监管要点。

① 顾客只能从入口进入,从出口出去。

② 顾客不能将非精品区的商品带入精品区,只能暂放外边。

③ 顾客在精品区内购买商品,必须在精品区结账。

④ 检查顾客的小票是否与商品一致,特别是收银员的包装是否符合精品区商品的包装要求。

（2）防损管理规定。

① 精品区结账商品的包装、小票的处理必须符合精品区的有关规定。

② 精品区的柜台/展示柜在非销售时,随时上锁处于关闭状态。

③ 精品区的外放贵重样品,全部采取标签防盗措施。

④ 精品区柜台销售商品必须采取先付款、后取货的销售方式。

⑤ 精品区的安全人员不能代替收银员做任何工作。

⑥ 精品区的安全员有责任监控精品区收银台的现金安全。

4. 高损耗区防损管理措施

超市应在日化用品、文具用品、高档内衣用品、鞋类区域、试衣间等高损耗区域加强监管。日常营业期间和节假日期间,不定时地安排安全员巡视该区域,以便发现是否有异常顾客。

(1) 防损监管要点。

① 监管顾客的不良行为,及时发现盗窃行为。如拆商品包装,将其他商品放入某商品包装中;调换商品包装;往身上藏匿商品;破坏防盗标签等。

② 检查楼面人员在防盗方面的工作疏忽和漏洞。

③ 检查试衣间的员工是否执行试衣间的发牌 / 收牌、检查核实制度。

(2) 防损管理规定。

① 楼面人员正确执行防盗标签的管理和使用规定。

② 楼面人员正确执行价格标签的管理和使用规定。

③ 试衣间的员工正确执行试衣间的管理和使用规定。

 活动训练

将超市的防损管理与商场的防损管理进行对比分析,形成一篇分析报告。报告中应包括这些内容:商场和超市的防损措施、防损设施有何不同;产生这些不同的原因有哪些;该超市的防损管理存在哪些不足,应采取哪些措施予以弥补。

"十二五"职业教育国家规划立项教材书目

书号	书名	主编	定价
978-7-04-045979-1	会计基本技能	关 红	19.90
978-7-04-046519-8	会计基本技能强化训练	关 红	15.00
978-7-04-046425-2	会计基础	杜怡萍	27.20
978-7-04-047522-7	会计基础学习指导与练习	杜怡萍	21.20
978-7-04-048723-7	出纳实务	刘 健	26.10
978-7-04-	出纳实务同步训练	刘 健	
978-7-04-049443-3	企业会计实务	徐 俊	43.00
978-7-04-050980-9	企业会计实务学习指导与练习	梁健秋	28.90
978-7-04-046388-0	税费计算与缴纳	陈 琰	21.50
978-7-04-047379-3	税费计算与缴纳同步训练	陈 琰	14.90
978-7-04-049324-5	纳税实务(第四版)	乔梦虎	49.40
978-7-04-047022-2	会计电算化(畅捷通 T3 版)	韩 林	28.90
978-7-04-047908-9	会计电算化同步训练(畅捷通 T3 版)	韩 林	18.80
978-7-04-046480-1	会计实务操作	朱玲娇	31.70
978-7-04-046721-5	成本业务核算	詹朝阳	26.80
978-7-04-048235-5	成本业务核算同步训练	詹朝阳	32.30
978-7-04-	统计信息整理与应用	张寒明	
978-7-04-	统计信息整理与应用同步训练	张寒明	
978-7-04-048691-9	收银实务(第三版)	于家臻	21.30
978-7-04-	收银实务同步训练	于家臻	
978-7-04-046754-3	财经法规与会计职业道德	韩 菲	27.00
978-7-04-048287-4	财经法规与会计职业道德学习指导与练习	余 琼、韩 菲	18.30
978-7-04-048159-4	财经应用文写作	柳胜辉	25.50
978-7-04-	财经应用文写作同步训练	柳胜辉	
978-7-04-050145-2	财经文员实务	林 晓	28.60
978-7-04-	出纳业务信息化处理	张立波	
978-7-04-046722-2	会计电算化(畅捷通 T3 版)	曹小红	26.00
978-7-04-047692-7	会计电算化上机指导(畅捷通 T3 版)	曹小红	17.80
978-7-04-049106-7	涉税业务信息化处理	马 明	29.10
978-7-04-046729-1	会计实务信息化操作	曾红卫	33.40
978-7-04-047239-4	成本核算信息化处理	张建强	29.90

郑重声明

高等教育出版社依法对本书享有专有出版权。任何未经许可的复制、销售行为均违反《中华人民共和国著作权法》，其行为人将承担相应的民事责任和行政责任；构成犯罪的，将被依法追究刑事责任。为了维护市场秩序，保护读者的合法权益，避免读者误用盗版书造成不良后果，我社将配合行政执法部门和司法机关对违法犯罪的单位和个人进行严厉打击。社会各界人士如发现上述侵权行为，希望及时举报，本社将奖励举报有功人员。

反盗版举报电话　　（010）58581999　58582371　58582488
反盗版举报传真　　（010）82086060
反盗版举报邮箱　　dd@hep.com.cn
通信地址　　北京市西城区德外大街4号
　　　　　　高等教育出版社法律事务与版权管理部
邮政编码　　100120

防伪查询说明

用户购书后刮开封底防伪涂层，利用手机微信等软件扫描二维码，会跳转至防伪查询网页，获得所购图书详细信息。也可将防伪二维码下的20位密码按从左到右、从上到下的顺序发送短信至106695881280，免费查询所购图书真伪。

反盗版短信举报

编辑短信"JB，图书名称，出版社，购买地点"发送至10669588128

防伪客服电话

（010）58582300

学习卡账号使用说明

一、注册/登录

访问http://abook.hep.com.cn/sve，点击"注册"，在注册页面输入用户名、密码及常用的邮箱进行注册。已注册的用户直接输入用户名和密码登录即可进入"我的课程"页面。

二、课程绑定

点击"我的课程"页面右上方"绑定课程"，正确输入教材封底防伪标签上的20位密码，点击"确定"完成课程绑定。

三、访问课程

在"正在学习"列表中选择已绑定的课程，点击"进入课程"即可浏览或下载与本书配套的课程资源。刚绑定的课程请在"申请学习"列表中选择相应课程并点击"进入课程"。

如有账号问题，请发邮件至：4a_admin_zz@pub.hep.cn。